本書で紹介する山々

道北の山

枝幸

名寄

紋別

士別

網走

▲ 天塩岳 P022

斜里

羅臼岳・硫黄山 P026

旭川　上川

▲ 平山 P048

斜里岳 P032　▲ 武佐岳 P040

北見

標津

旭岳 P052 ▲　▲ 黒岳・北鎮岳・沼ノ平 P062
▲ 赤岳・白雲岳・黒岳 P056

▲ 西別岳・カムイヌプリ P036

▲ トムラウシ山 P068

弟子屈

▲ 十勝岳・美瑛岳 P072

雌阿寒岳 P044 ▲

富良野　富良野岳 P078
▲ 芦別岳 P094

大雪山系

足寄

道東の山

根室

▲ 夕張岳 P098

日高

帯広

釧路

▲ 剣山 P102

▲ 幌尻岳・戸蔦別岳 P106・新冠コース P112

日高山脈

▲ 神威岳 P116

▲ ピセナイ山 P128

楽古岳 P120 ▲　広尾

様似　▲ アポイ岳 P124

道北の山

道東の山

大雪山系

増毛・夕張の山

日高山脈

道央・道南の山

JN200939

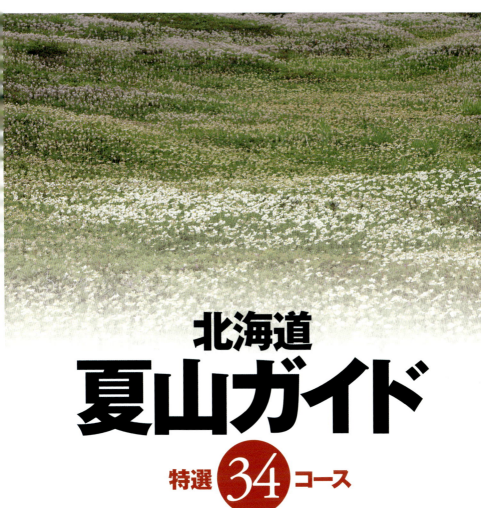

北海道
夏山ガイド

特選 **34** コース

長谷川 哲
HASEGAWA Tetsu

北海道新聞社

北海道夏山ガイド 特選34コース［目次］

いま歩ける、いま登りたい北海道の山々 … 004
北海道の山の注意点～本書の使い方

道北の山
01 利尻山 ……………………………… 014
02 礼文島縦断 ………………………… 018
03 天塩岳 ……………………………… 022

道東の山
04 知床連山 羅臼岳・硫黄山 ………… 026
05 斜里岳 ……………………………… 032
06 西別岳、カムイヌプリ（摩周岳）…… 036
07 武佐岳 ……………………………… 040
08 雌阿寒岳 …………………………… 044

大雪山系

09	平山	048
10	表大雪1 旭岳	052
11	表大雪2 赤岳・白雲岳・黒岳	056
12	表大雪3 黒岳・北鎮岳・沼ノ平	062
13	表大雪4 トムラウシ山	068
14	十勝連峰1 十勝岳・美瑛岳	072
15	十勝連峰2 富良野岳	078

増毛・夕張の山

16	暑寒別岳	082
17	雨竜沼湿原・南暑寒岳	086
18	神居尻山	090
19	芦別岳	094
20	夕張岳	098

日高山脈

21	剣山	102
22	幌尻岳・戸蔦別岳(額平川コース)	106
23	幌尻岳(新冠コース)	112
24	神威岳	116
25	楽古岳	120
26	アポイ岳	124
27	ピセナイ山	128

道央・道南の山

28	羊蹄山	132
29	ニセコ沼巡り イワオヌプリ・チセヌプリ	136
30	狩場山	140
31	遊楽部岳(見市岳)	144
32	雄鉾岳	148
33	恵山・海向山	152
34	大千軒岳	156

道北の山

道東の山

大雪山系

増毛・夕張の山

日高山脈

道央・道南の山

富良野岳からの芦別岳

いま歩ける、いま登りたい北海道の山々

　2016年夏に北海道を直撃した台風は、日高山脈や大雪山系を中心に道内各地の山にも甚大な被害を及ぼした。特に登山口へと至る林道の損壊は深刻で、約2年が経った今も復旧の目途さえ立たず登れない状態が続いている山が多数ある。

　本書ではそんな山々の早期復旧を願ういっぽうで、現在入山が可能な山の中から34コースを選んで紹介する。選択にあたっては、道内外の登山者の人気度を意識しつつも、そこだけにこだわらず、北海道の山の真の素晴らしさ、満足感、達成感などを重視した。したがって有名な山でも取り上げるのはマイナーなコースであったり、さほど知名度が高くない山が含まれていたりするが、それらが新たな北海道の山の魅力を知るきっかけになればと思う。

　本書は『北海道 夏山ガイド』(北海道新聞社、全6巻)の別冊的位置づけである。制作にあたっては、同シリーズを底本とするとともに、先輩著者である梅沢俊氏、菅原靖彦氏から多大なるご協力をいただいた。また取材同行や情報提供などでお世話になった「北海道の山メーリングリスト」の皆さん、撮影にご協力いただいた一般登山者の皆さんに、この場を借りて厚くお礼を申し上げます。

雨竜沼湿原

北海道の山の特徴

　広い土地だけに「北海道の山」とひとくくりにするのはいささか乱暴ではあるが、共通していえるのが、緯度の高さにともなう森林限界の低さだろう。例えば本州の中部山岳（北アルプス）では標高およそ2500mあたりなのに対して、大雪山は約1700m、知床は700～900mと、はるかに低い。そのぶん山は低くても気象条件は厳しく、「北海道の山は標高＋1000mで考えよ」と言われる所以である。

　しかしこのことは逆にいえば、短い行程で高山帯に達することができるということでもある。高山植物が咲き乱れるお花畑も、うっそうとした針葉樹林も、あるいは燃えるような紅葉も、日帰り圏内で楽しめる山が多数あるのだ。色濃く豊かに残る自然とともに、北海道の山ならではの大きな魅力であり特権といっていいだろう。

　花についてもう少し触れておこう。道内の高山帯、亜高山帯に咲く花は400種とも500種ともいわれる。固有種も多く、特にかんらん岩からなる戸蔦別岳やアポイ岳、蛇紋岩地のある夕張岳などが有名だ。また大雪山ではチングルマやツガザクラ類など特定の種が、まさに見渡す限りの見事な大群落をつくるのも特徴だ。

　特徴といえば火山が多いことも挙げられる。ざっくりと言えば、日高山脈と夕張山地以外の山は、ほぼすべて新旧の火山活動によってできたものといっていい。雌阿寒岳や旭岳、恵山など活動中の火山を間近に見られるのは興味深く、羊蹄山やカムイヌプリのみごとな火口は高揚するものがある。ただし、必ず火山情報を確認し、噴火災害に備えるようにしたい。

　以下、簡単に各山域の特徴を挙げてみよう。

■ 道北の山

　代表格は離島の利尻山。島そのものが山であり、標高も道北では群を抜いている。礼文島は海岸付近から高山性の植物が多数見られ、「花の浮島」と呼ばれる。北海道本土では、標高は低いが山深く静かな山が多い。天塩山地のピッシリ山、三頭山、北見山地の天塩岳、ウェンシリ岳、ピヤシリ山などに登山道がある。

■ 道東の山

　千島火山帯上に連なり、南西の阿寒からカ

雌阿寒岳のポンマチネシリ火口。背後は阿寒富士

ムイヌプリ、斜里岳、さらに知床連山へと個性的な山が続く。原生の自然が残る山もあれば広大な開拓地を一望する山もあり、様々な表情に触れられる。アプローチ、登山道の状況とも比較的よく、人気の山も多い。

■大雪山系

中央高地とも呼び、さらに表大雪、十勝連峰、東大雪、北大雪の各山域に分けられる。主峰旭岳からトムラウシ山にかけての表大雪は、溶岩台地とお椀を伏せたような溶岩円頂丘からなり、雄大な景観と日本一といってもいいお花畑が魅力。十勝連峰は活火山の十勝岳を中心に南北に連なる。どちらも人気が高く、混雑する。

■夕張山地

石狩平野と富良野盆地に挟まれた山域で、東西約40km、南北約60kmと山深い。しかし登山道のある山はごく限られ、芦別岳と夕張岳がほぼ人気を独占している。

■増毛・樺戸の山

暑寒別岳に代表される増毛山地は道北の山に分類されることが多いが、本書では独立した山塊として扱った。登山道がある山は限られるが、最近、古道の増毛山道が復刻され注目されている。樺戸山地は増毛山地の南東部に含まれ、札幌に近く手ごろな山が多いことから人気がある。神居尻山やピンネシリなどが代表的。

■日高山脈

約150kmにわたって険しい山並みが続く北海道南部の脊梁山脈。最高峰は幌尻岳。国境稜線(主稜線)上で登山道がある山は限られ、またあったとしても他の山域に比べると総じて過酷。日本最後の山岳秘境と呼ばれてきたが、近年は登山者が増え、オーバーユースが懸念されている。アポイ岳や剣山など支稜線上の低山は積雪が少なく、長い期間登山が楽しめる。

■道央の山

札幌近郊から支笏・洞爺湖周辺の山は大都市札幌に近いこともあって、多数の山に登山道が拓かれている。状況も比較的よい。ニセコ周辺や羊蹄山は全国区、いや近年は(夏でも)国際的な人気である。

■道南の山

主に渡島半島の山々で、最高峰の狩場山でも1520m、大半は1000m前後と低い山が多い。しかし山は深く、登ってみるとその大きさに驚かされることもしばしば。豊かなブナ林と海の展望など、他の山域とはひと味違う魅力がある。

登山シーズン

本書における「夏山」の概念は「無雪期の夏

険しい稜線が続く日高山脈。戸蔦別岳

初夏の雪渓トラバース。富良野岳

道登山」である。積雪が消え登山道が顔を出すころから、紅葉を経て初雪が舞い始めるころまでと考える。積雪量や融雪のペースなど年ごとの違いはあるが、目安は概ね次の通りである。

最も早く山開きを迎えるのは日高のアポイ岳で4月中旬。ただしこれはやや特別で、一般的には比較的早くから登れる道南や道東、日高の低山などでも、5月中旬から6月上旬にかけてといったところだ。続いて天塩岳や暑寒別岳、利尻山など道北の山が6月中旬ごろからとなる。

大雪山系や日高山脈の主稜線、知床、狩場山などは6月下旬から7月上旬になってから。ただしそれでもまだ随所に雪渓は残る。慣れない人には不安だろうが、注意すべき個々のケースはガイドページに記したので参考にしてほしい。

雪解けに比べると秋は一気にやってくる。大雪山系や日高山脈では9月上～中旬に紅葉が始まり、ほぼ同時に初冠雪の便りが聞かれる。利尻山や羅臼岳が9月下旬～10月上旬。それらに次ぐ標高の山々も10月上～中旬には順次シーズン終了といったところだ。この時期の高山は1日で真冬の様相に変わることが珍しくないので、くれぐれも注意したい。道東や日高、道南の各低山は10月中旬～11月上旬まで登れるところが多い。ただし、日高などは狩猟解禁にともなう入山規制があるので確認を。

北海道の山の注意点

気象

前述の通り、北海道の山は緯度が高い分、標高の割に気象条件が厳しい。例えば大雪山の稜線では7、8月でも日中の気温は10℃台前半から半ば、最低気温は一桁まで下がるのが普通である。前後の6、9月は最低気温が氷点下になったり、雪が降ることも珍しくない。

さらに注意すべきは、風速1mにつき1℃下がるといわれる体感温度だ。真夏でも、日差しがなく風の強い日は体感温度が氷点下となり、実際に低体温症による死亡事故が後を絶たない。身を隠す山小屋などがほとんどないことと合わせ、慎重な判断と準備をする必要がある。

また「北海道には梅雨がない。台風も来ない」とされるが、昨今はそうとも言い切れない状況が増えている。梅雨前線（と呼ぶかどうかはともかく）が道南あたりまで北上することはしばしばで、寒気の流入などにともなって大雪山系や日高山脈でも不安定な天気が続くケースが見られる。台風に関しては直撃するものは限られても、その影響を受けたり強い勢力を保った温帯低気圧による暴風雨は少なくない。単に週間予報のマークを見るだけでなく、天気図とその解説にも気を配るようにしたい。

登山道と山小屋

登山道の整備状況はコースにより大きな差がある。表大雪や十勝連峰、「日本百名山」やそれに準ずる人気の山やコースは、どこも概ね整備が行き届いて歩きやすい（日高山脈を除く）。地方の山でも山開きや町民登山会などが開催される所や、観光資源として力を入れている所は、定期的に笹刈りなどが行われて快適だ。

紅葉の時期は雪やみぞれが降ることも

いっぽうで整備は不定期、またはほとんどされていない山も多々ある。所轄自治体の財政難、ボランティアとして活動してきた地元山岳会や有志らの高齢化、人手不足などが大きな理由だ。こうした山では草被り、笹被りが深く、道標などもなかったり老朽化していることがほとんどで、最終的には廃道化してしまうところもある。

しかし物は考えようだ。笹を足で分けて踏み跡があれば「道は明瞭」だし、道標がなくても目印のテープやペンキがあれば進路は導かれる。登山本来の探求心、冒険心をくすぐってくれると思えばこれもまた楽し、ではないだろうか。実際、こうした山に慣れてくると、よく整備された山に味気なさ、物足りなさを覚えるほどである。

山小屋についてはほとんどが避難小屋である。一部の管理人常駐小屋についても、食事や寝具の提供はない。また稜線の避難小屋はあくまで緊急用であり、基本はテント持参、または日帰りで登るべきである。ただし登山口などにある前夜泊用の小屋はこの限りではない。ルールを守って便利に使わせてもらおう。

なお近年、避難小屋やテント場周辺を中心にトイレ問題が大きな課題になっている。今や携帯トイレは必携であり、自分の排泄物は自分で処理するのが常識と心得たい。後から来る人のためにも、山の未来のためにも――。

危険な生物

■ヒグマ

北海道の山でもっとも懸念される相手であろう。一般的には人間を避けるとされ、糞や掘り起こしなどの痕跡を見ても、実際に対面することは少ない。だが、だからといって無頓着でいいというわけではなく、鳴り物や声でこちらの存在を知らせることが大切だ。撃退スプレーは最後の手段であり、その前にまず出会わないことである。

ただ最近は人間を見ても逃げないヒグマが増えている。知床が顕著な例だが、他の山でもいくつかの報告がある。これまで事故に至った例がないとはいえ、こうした個体がどんな行動に出るのかは不明なだけに不気味である。

実際に出会った場合は、慌てて逃げたり大騒ぎをしない。目を逸らさず（しかし目は合わせず）、ゆっくりと後退してその場を離れる、というのがセオリーとされる。その上で、登山の中止も含めて慎重に判断すべきだろう。

■マダニ

非常に厄介な相手である。「ダニを気にしていたら山に行けない」と豪語する猛者もいるが、近年は感染症による死亡例も報告されており無視できない存在だ。何はともあれ食われないことが大切で、そのためには以下のことを心がける。

白雲岳避難小屋とキャンプ指定地

新冠ポロシリ山荘

斜里岳三井コース

真新しいヒグマの痕跡。夕張岳金山コース

1. 肌の露出を避け、衣類のすき間をなくす。
2. ダニ忌避剤を使う。
3. 衣類についていないかまめにチェックする。

　活動の最盛期は初夏から夏にかけてだが、山によっては9、10月でも多い。主に笹を漕ぐような場面で要注意。忌避剤はディート配合のものやハッカ油が代表的だが、決定的な効果があるかは今ひとつ不明。最近発売されたイカリジン配合のものも期待されている。

　食われた場合は、概ねその日のうちなら専用ピンセットや爪先で真上にそっと引っ張れば取れることが多い。しっかり食い込んだものは、無理に引っ張るとちぎれて頭が残ってしまう。皮膚科で診てもらうのが無難だ。

■スズメバチ

　巣が大きくなる夏から秋が危険とされる。予防としては黒いもの（髪の露出、ウエアなど）や香りの強いもの（化粧品、制汗剤など）を避ける。近くに来たら振り払ったりせず、低い姿勢で速やかにその場を離れる。

　刺された場合はポイズンリムーバーで毒を吸い出し、流水（ペットボトルのキャップに穴を空けるとよい）で洗うなどして様子を見る。全身ショック症状が出た場合は救助要請する。アナフィラキシーショックに備えてエピペン（自己注射薬）の携帯を検討してもよい。

装備について

　基本的には一般的な夏山装備で十分である。その上であったほうがいい物、あると便利な物を挙げてみる。

■ウエア類

　ダニ対策や笹被り対策として、下は短パンを避けロングパンツにすべきである。スパッツと併用するとより効果的だ（多少の蒸れはガマン）。上半身も、朝夕の冷えや紫外線を含めて考えると長袖が望ましい。

　天候の急変、特に体感温度の低下に備えて、フリースまたは薄手のダウンを1枚持つこと。雨具と併用することで防寒効果はさらに高まる。

　ハイマツや笹、岩をつかむ場面が多いのでグローブは必需品。軍手や作業用・園芸用手袋が安価で丈夫だ。笹や虫、砂埃、紫外線などから目を守るためにサングラスや防護メガネもあるといいだろう。

■携帯トイレ

　携帯トイレブースが設置されたコースはもちろん、そうでないところでも積極的に使用したい。使い方は簡単だが、慣れることが大切だ。毎回使うものだから買いためておこう。

■ツエルト、エマージェンシーシート

　想定外の露営に備えてぜひ持ちたい。汎用

ダニ対策の一例　　こいつがマダニだ！

（ラベル：ひさしのある帽子とフード／防護メガネ／首回りにタオル／ハッカ油／手袋と腕抜き／裾は入れる／スパッツ）

携帯トイレブース　　必ず携帯トイレを設置して使う

性を考えればツエルトが望ましい。最近は200g台の超軽量モデルもある。張り綱も含めて事前に使い方をチェックしておくこと。

■クマ対策

クマ鈴はクマに聞こえてナンボである。デザインより音の大きさ、通りを優先して選ぶ。そして使用時はよく響くようにぶら下げることが大切だ。ただし人がぞろぞろ歩いているような山では不要である。常時鈴の音を聞くのがわずらわしい場合はホイッスルが有効だ（大声でもいい）。

ヒグマ撃退スプレーは、きちんと使えれば効果的だろうが、とっさの状況では果たしてどうなるか……。とはいえ持つことによる安心感もあるので、各自判断を。

地図について

GPSやスマートフォンの地図アプリの普及で、地図を持たない人が増えている。確かにピンポイントで現在地がわかるGPS類は、視界不良時や道迷い時などに大きな威力を発揮するだろう。それでもやはり、登山に地図（2万5000分の1地形図や市販の登山地図）は不可欠だと思う。理由は大きく2つ。ひとつはバッテリー切れや故障のリスク。もうひとつはサイズの問題だ。

GPSやスマホの画面は小さく、また広域表示すると簡略化されてしまい、周囲の状況まではなかなか読みづらい。ルートの全体像、山や谷の位置関係などを知るには大きな紙地図がはるかに有利である（そういう意味では本書のようなガイドブックの地図も、現場では力不足といわざるをえない）。「読図が苦手」という人は多いが、日ごろから地図を見て山を歩く習慣をつけていれば、おのずから読めるようになるものだ。そのうえでGPS等で確認すれば、より効果的だし楽しさも生まれる。どちらが優れているとかではなく、双方のメリットを活かすことが大切だろう。

なお、山間部の地形図は長らく更新が滞っていたが、2万5000分の1地形図（紙地図）についてはここ数年、人気山域を中心に続々更新されている（5万分の1地形図の多くは20〜30年更新されていない）。ネット上の地形図（電子国土Web）は随時更新され、これをプリントアウトするのも手軽だが、使いやすさ見やすさは一歩劣る。更新年の確認、ならびに通販の申し込みは日本地図センターのホームページで可能だ。なお、最近の地形図は範囲が広めで、従来より必要な図幅が減る傾向にある（本書データ欄では2018年4月現在の更新に倣った）。

2016年の台風被害について

冒頭でも触れた通り、2016年夏の連続台風は山、特に山間部の林道に大きな被害をもたらし、今も深刻な状況が続いている。以下は2018年4月現在の各地の状況である。

日高山脈の東側（十勝側）では芽室岳、伏美岳、十勝幌尻岳、エサオマントッタベツ岳、ポンヤオロマップ岳の各登山口に通じる林道が不通、復旧の目途も立っていない。国道274号

クマ鈴いろいろ。実用性重視で選ぼう

地図とコンパス、スマートフォン

側の北戸蔦別岳方面、チロロ岳、ペンケヌーシ岳および沙流岳もそれぞれ林道不通。

　日高山脈の日高側はひと通りの登山口が入山可能の見込み。

　東大雪も被害の大きな山域である。十石峠経由のユニ石狩岳、音更山は入山可能だが、石狩岳のシュナイダーコースは登山道の損壊が大きく現在整備を進めている。ニペソツ山の十六ノ沢コースは林道復旧の目途が立たないため、荒廃していた幌加温泉コースを復活させるべく整備中。その他、ウペペサンケ山、西クマネシリ山も林道通行止め。

　表大雪では沼ノ原がクチャンベツ側、ヌプントムラウシ側ともに、またトムラウシ山の三川台コースが林道通行止めとなっている。さらには北大雪の武華山、武利岳、支湧別岳なども登山口への林道が通行止めだ。

　なお、通行可能見込みの林道についても、冬

流失した芽室川の橋（2016年10月撮影）

期間の損傷や今後の天候などにより状況が変わる可能性がある。最新情報は森林管理署のホームページ（「北海道森林管理局、登山等に関する通行規制等について」で検索）などで確認してほしい。

関係機関問合せ先

■道北の山
宗谷森林管理署☎0162-23-3617（利尻島、礼文島など）
上川北部森林管理署☎01655-4-2551（天塩岳、ピヤシリ山など）
網走西部森林管理署☎0158-42-2165（平山、ウェンシリ岳など）

■道東の山
網走南部森林管理署☎0152-62-2211（斜里岳、羅臼岳・ウトロ側など）
知床世界遺産センター☎0152-24-3255
根釧東部森林管理署☎0153-82-2202（羅臼岳・羅臼側、武佐岳など）
羅臼ビジターセンター☎0153-87-2828
根釧西部森林管理署☎0154-41-7126（阿寒岳、カムイヌプリなど）
阿寒湖畔エコミュージアムセンター☎0154-67-4100
川湯エコミュージアムセンター☎015-483-4100

■大雪山系
上川中部森林管理署☎0166-61-0206（表大雪）
層雲峡ビジターセンター☎01658-9-4400
旭岳ビジターセンター☎0166-97-2153
十勝西部森林管理署東大雪支署☎01564-2-2141（トムラウシ山、東大雪）
ひがし大雪自然館☎01564-4-2323

■十勝連峰、夕張山地、増毛山地
上川南部森林管理署☎0167-52-2772（十勝連峰、芦別岳、夕張岳・金山側など）
空知森林管理署☎0126-22-1940（夕張岳・夕張側、雨竜沼、樺戸の山など）
留萌南部森林管理署☎0164-42-2515（暑寒別岳）

■日高山脈
十勝西部森林管理署☎0155-24-6118（芽室岳、伏見岳、剣山、コイカクシュサツナイ岳など）
日高北部森林管理署☎01457-6-3151（幌尻岳・額平川側、北戸蔦別岳、チロロ岳、ペンケヌーシ岳など）
日高南部森林管理署☎0146-42-1615（幌尻岳・新冠側、神威岳、ピセナイ山など）

■道央の山
石狩森林管理署☎011-563-6111（札幌近郊、支笏湖周辺など）
後志森林管理署☎0136-22-0145（ニセコ周辺、羊蹄山、狩場山など胆振後志の山）

■道南の山
渡島森林管理署☎0137-63-2141（狩場山、遊楽部岳など渡島半島中北部の山）
檜山森林管理署☎0139-64-3201（大千軒岳、恵山など渡島半島南部の山）

本書の活用の仕方

　本書は北海道内の登山道のある山から34コースを選んで紹介している。「独力登山」に重点を置き、2種類の地図やコース評価、詳細なガイド本文などで多くの人が理解できるよう心がけた。基本的には入山から登頂、下山までを一連のコースとしてガイドするが、一部サブプランを追加して各自コースアレンジなどを楽しめるようにした。現地取材をもとにした最新情報の提供を目指したが、舞台は山だけに、状況は随時変わる可能性がある。その点はガイドブックの宿命とご理解いただいたうえで活用してほしい。

①山名・経路

　標高は最新の国土地理院地形図（電子国土Web）の数値から小数点以下を四捨五入した。経路は主な経由地、または使用するコース名を記載した。

②コースタイム・評価

　標高差・累積標高差　登り一辺倒の山の場合は登山口から山頂までの標高差。アップダウンのあるコースや縦走などの場合は、下山時の登り返しも含めた登りの合計（＝累積標高差）を記載した。

　コースタイム（⑤の地図中コースタイムも含む）　標準的体力の人が日帰り装備で登ることを前提に、休憩時間を含まない実登山時間を表した。山中泊が必要な山は縦走装備での所要時間を記した。縦走の所要時間は概ね日帰り登山の1割増だが、日数や荷物により異なるので、ひとつの目安としてほしい。

　合計コースタイムについて、周回コースや縦走など登りと下りでコースが違う場合は、主要目的地の山までを登り、その先を下りとして記載した。52ページの旭岳のように下りが極端に長いケースもあるが、地図中のコースタイムとあわせて参考にしてほしい。またアップダウンの続くコースでは登りと下りに要する概算時間の合計を記した場合もある。複数日にまたがる場合は1日ごとの合計タイムを記した。

　コース評価　『夏山ガイド』シリーズで採用してきたコース評価を本書でも採用した。これは別表の通り、各要素を数値化した独自の評価表である。ここでいう上級とは北海道の登山道のある夏山で最も困難なコースを上限としたもので、沢登りや岩登りによる登山、あるいは道外の登山にはあてはまらない。ただし『夏山ガイド』シリーズとはリンクして比較検討ができるはずである。同難度（合計点数）でも、体力が必要か、技術的に難しいかなどを比較してほしい。

　評価の中で「登山時間加算」は登りに要する時間を基準としている。縦走などコース全般にわたってアップダウンがある場合は、登りのおおよその合計時間を基準とした。また、複数日にわたる場合は、最も標高差の大きな日を基準とした。

　「険しさ」「迷いやすさ」については、7、8月ごろを前提とした評価であり、残雪の多い時期の雪渓歩行などでは困難が増す。また笹刈りなどの整備状況や大雨による土砂災害等でも迷いやすさに違いがあるだろう。これらの状況変化については各自で判断してほしい。

　その他、サブプランの場合など適宜欄外に注意事項を記したので参考にしてほしい。

③ガイド本文

　行程をイメージできるようなるべく分かりやすい表現を心がけたが、いくぶんの主観も含まれている。登山特有の用語や言い回しについては以下の通りである。

　特に断りがない限り「**右、左**」は進行方向に対しての方向である。ただし沢の「**右岸、左岸**」は上流から下流に向かってを指している。また、沢の合流点は「**二股**」で「**右股、左股**」は下流から見てのもの。

　「**渡渉**」は沢や川を渡ることで、登山靴のまま大

丈夫かあるいは裸足になるかは状況によりけり。「**高巻き**」は主に沢沿いの道で滝や岩場などを避けるために斜面を登って遠回りすること。「**トラバース**」は斜面の横断。「**草付き**」は草の生えているところ。「**ザレ場**」「**ザレた**」は砂や火山灰の斜面、「**ガレ場**」「**ガレた**」は岩が堆積した斜面。さらに「**ゴーロ**」は緩めの斜面に大きな岩がゴロゴロしたところだ。また「**コブ**」は尾根上の小ピーク、「**コル**」「**鞍部**」はピーク間の尾根が低くなった場所のこと。

「**笹被り**」「**草被り**」「**ハイマツ被り**」は登山道を左右から笹、草、ハイマツが覆っている状態。ただし分ければ明瞭な道がある場合を指すことが多く、道自体も曖昧な場合は「**藪漕ぎ**」となる。「**ペンキ**」「**テープ**」はコースの目印で、岩などに塗られた赤や黄色のペンキ印、木の枝などに結ばれた赤やピンクのテープ・布を指す。必ずしも責任の所在は明確ではなく、稀に雪山用の目印が残っていることも。似たような目印に、雪渓上に赤く撒かれた「**ベンガラ**」がある。

④**データ**

登山に有益な情報を一覧にまとめた。各情報は2018年4月現在のもの。タクシー料金についてはタクシー会社でも正確に把握していない場合があり概算である。林道の開放状況などについては随時変更があるので、11ページの森林管理署などに問い合わせを。

⑤**地図**

国土地理院の数値地図（国土基本情報）をもとに、現地取材の情報などを盛り込んだ修正図である。ルート線はGPSによる測位をもとにした（一部を除く）。なお、誌面の都合上、掲載範囲はコース部分に限られるので、実際の登山では2万5000分の1地形図、ネット上の地理院地図をプリントアウトしたものなど広範囲の地図を携行し参照してほしい。

⑥**イラスト鳥瞰図**

『夏山ガイド』シリーズで使用しているイラスト地図を修正し掲載した。カシミール3Dというソフトを使用し、細部や樹木、雪渓などのディテールを描き足して作成したものである。コースのイメージをつかむとともに、地図とあわせて読むことで読図のシミュレーションにも役立てば幸いである。

■コース評価

体力	必要体力＝標高差	300m未満 30点	300m～600m未満 35点	600m～900m未満 40点	900m～1200m未満 45点	1200m～1500m未満 50点	1500m以上 55点
	登山時間加算	長時間登山とキャンプ用品等運搬に要する体力を加算		3時間未満 D 0点	3時間～5時間未満 C 5点	5時間～8時間未満 B 10点	8時間以上 A 15点
判断・技術力	高山度＝山の標高	標高の上昇に伴う気温低下、気象の激変判断		600m未満 D 0点	600m～1100m未満 C 3点	1100m～1600m未満 B 6点	1600m以上 A 10点
	険しさ	岩場、ガレ、雪渓等		D 0点	C 3点	B 6点	A 10点
	迷いやすさ	迷いやすい地形や登山道の状況等		D 0点	C 3点	B 6点	A 10点
総合点	合計の端数を5点単位に整理して表示する						
備考	本文の表では必要体力以外は各点を低い順からDCBAで表示						
初級（30点～50点）			中級（55点～70点）			上級（75点～100点）	

■地図の凡例

『夏山ガイド』シリーズで次の山へ

本書とともにぜひ活用してほしいのが、北海道内のすべての登山道を網羅した『夏山ガイド』シリーズ（梅沢 俊・菅原靖彦・長谷川哲 共著、北海道新聞社刊）だ。全6巻に収録した山・コース数は約220座、330コースあまり。1989年の初版刊行以来、数年おきに改訂・増補を重ねており、道内夏山登山の定本ともいうべき存在である。本書でも採用したイラスト鳥瞰図とコース評価により客観的にコースの比較・検討ができる。より難度の高い山や、これまで知らなかった隠れ名山など、北海道の山の世界をさらに広げてみよう。

①道央の山々
②表大雪の山々
③東・北大雪、十勝連峰の山々
④日高山脈の山々
⑤道南・夕張の山々
⑥道東・道北・増毛の山々

COURSE 01 | 利尻山

りしりざん 1721m

北麓野営場→（鴛泊コース）→利尻山→（沓形コース）→見返台園地

九合目手前から長官山、鴛泊市街を見る。中央には避難小屋の赤い屋根も

　利尻富士とも呼ばれるコニーデ型火山。道北日本海側から見る洋上の端正なシルエットが印象的だが、晴れた日には道北内陸の山々や留萌地方などからも遠望できる。山名の由来はそのものずばり、アイヌ語で「リィシリ＝高い島（山）」。

　上部は浸食と崩壊による険しい地形となっており、最高点の南峰は危険なため登山禁止。三角点のある北峰が実質的な山頂となる。登山道は北側からの鴛泊コースと、西側からの沓形コースがあり、多くの人は前者を往復する。ここでは両コースを結んで紹介するが、沓形コース上部は崩壊地や岩場もあるため、不安があれば鴛泊コース往復をおすすめする。

コースタイム（日帰り）

累積標高差＝1560m
登り＝4時間30分
下り＝2時間35分

コース評価

体力（標高差）……………55点
登山時間加算………………5点 C
高山度（標高）……………10点 A
険しさ………………………6点 B
迷いやすさ…………………0点 D

総合点　75点［上級］

左／鴛泊港から望む利尻山。南側や西側の険しい表情に対して緑が豊かだ　上／固有種のリシリヒナゲシ。見ごろは7月

■コースガイド (撮影=8月上旬)

鴛泊(おしどまり)コースを登る

利尻山はオーバーユースが課題となっている。登山に先立ち次の点に留意したい。①携帯トイレの携行と使用。携帯トイレは島内の宿やコンビニなどで購入でき、コース上随所にブースがある。使用後は登山口の回収ボックスへ②登山は日帰りとし、避難小屋利用は緊急時のみとする③ストックを使う場合はキャップをつける。

海抜ゼロからの達成感を味わうためには鴛泊港からハイキングコース経由で歩くのがおすすめだ。が、一般には車の入る利尻北麓(ほくろく)野営場を登山口とする。歩き始めてほどなく最後の水場となる三合目の甘露泉水(かんろせん)に着く。

ポン山への道を左に分けると、あとはひたすらの一本道。序盤はほぼ平坦な針葉樹林だが、徐々に斜度が増し、六合目の第一見晴台からは急な直登とジグザグの連続となる。いっぽうで足元には花が増え、眼下に広がる高度感溢れる展望とともに元気をくれる。

ハイマツの尾根を登りきると八合目の長官(ちょうかん)山で、ここで目指すピークと対面する。まだ先は長い。気を引き締めて再出発だ。尾根上を緩く下り、避難小屋を過ぎて左に大きくカーブする。再び傾斜が増し、左手はイブキトラノオやシムシュノコギリソウなどのお花畑、対照的に右手は大きく抉(えぐ)れた崩壊地が開ける。リシリヒナゲシが好む場所だが、近年は数が減っているようだ。

九合目からは最後の踏ん張りどころとなる。特に沓形コース分岐から先は登山道の浸食が進み、滑りやすく歩きにくい。懸命の整備で一定の効果は出ているようだが、登山者も優しい気持ちでいたわりながら歩くことを心がけたい。

山頂は孤高の頂にふさわしい展望が広がっている。天気がよければ北海道本土はもちろん、天売(てうり)・焼尻(やぎしり)島、またサハリンやモネロン島まで見える。ただし、周囲は切れ落ちた絶壁であり、西側直下は沓形コースが横切っている。滑落や落石には最大限の注意を。

五合目付近のダケカンバ林。前半はなかなか視界が開けず黙々と距離と高度を稼ぐ

長官山の名は昭和8年に北海道長官がここまで来たことに由来する

利尻山山頂から南峰とローソク岩を見る

山頂には利尻山神社奥宮が祀られる。山頂部の崩壊は年々進み、祠のすぐ背後まで迫っている

左／三眺山から見る利尻山西壁。前ページの北面とは対照的な荒々しさだ　上／親不知子不知のガレ場を通過する。岩雪崩の危険があるので、立ち止まらず通過しよう

沓形(くつがた)コースを下る

　このコースは沓形コース分岐から三眺山(さんちょう)まで危険箇所が続く。悪天時などは無理をせず鴛泊コースを下ろう。分岐を左に入り、すぐにロープが設置された急斜面を下る。続くガレ場のトラバースが「親不知子不知(おやしらずこしらず)」で、上からの落石に注意しながら素早く通過。なお、ここは7月上旬まで雪渓が残る。その後の三眺山への吊り尾根は左に切れ落ちるザレに注意し、さらに不安定な岩場「背負子投げの難所」(しょいこ)を辿る。

　三眺山まで下ればひと安心である。そこから見る利尻山は、先ほどまでその頂に立っていたのが恐ろしくなるほどの険しさだ。威容を目に焼き付けたら見晴らしのいいハイマツの尾根を下る。「狛犬の坂」(こまいぬ)の急斜面からダケカンバ林に入り、避難小屋を過ぎれば傾斜は緩む。淡々とした道に気も緩みがちだが、足元は滑りやすい。左に旧登山道を分けると見返台園地(みかえりだい)の登山口は近い。沓形市街までは約5.5kmの距離だ。

アクセス
行き＝鴛泊フェリーターミナル（徒歩約1時間、約3.5km）利尻北麓野営場。または富士ハイヤー☎0163-82-1181で約10分、約1400円。
帰り＝見返台園地（タクシー約15分、約2000円。利尻ハイヤー☎0163-84-2252）沓形（宗谷バス約35分、☎0163-84-2550）鴛泊
　タクシーは台数が限られるので予約が望ましい。マイカーの場合は、それぞれ登山口に駐車場がある。また、多くの宿が登山口への送迎を実施している。

宿泊
■宿泊施設の問合せ
鴛泊周辺＝利尻富士町観光協会☎0163-82-1114。沓形周辺＝利尻町観光協会☎0163-84-3622
■キャンプ場
●鴛泊周辺：利尻北麓野営場（登山口にある。現地☎0163-82-2394）。利尻島ファミリーキャンプ場ゆ～に（登山口手前2km、利尻富士温泉向かい。現地☎0163-82-2166）。問利尻富士町商工観光係☎0163-82-1114
●沓形周辺：利尻町森林公園キャンプ場（沓形市街から約1kmの山側。現地☎0163-84-3551）。沓形岬公園キャンプ場（利尻港近くの海辺。現地電話なし）。問利尻町まちづくり振興課☎0163-84-2346
　いずれも5～10月開設。有料。

入浴
■利尻富士温泉
鴛泊郊外、登山口への途中にある。11～21時30分（6～8月）、12～21時（左記以外）。大人500円。☎0163-82-2388
■利尻ふれあい温泉
沓形市街、ホテル利尻内にある。13～21時。大人550円。☎0163-84-2001

2万5000分の1地形図
鴛泊

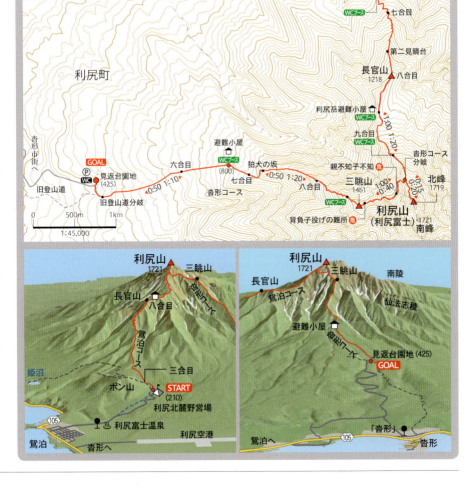

COURSE 02 礼文島縦断
れぶんとう

知床→桃岩歩道→礼文林道→香深井(泊)→8時間コース→スコトン岬

ゴロタ山から歩いてきた南方を望む。晴れていれば正面に利尻山が見えるのだが……

　高山帯に咲くような花が海岸線付近から見られる礼文島。山のガイドブックでは島内最高峰の礼文岳がよく取り上げられるが、せっかく最果ての離島に行くのなら、よりダイナミックにこの島の魅力に触れてみたい——というわけで、本書では島を縦断するプランを紹介する。おすすめは途中の緑ヶ丘公園キャンプ場に1泊しての「スルーハイク」だが、路線バスと宿を使っても充分に楽しめる。全体に道の状況はいいが、8時間コースの香深井－西上泊間のみ、やや難度が増す。花の見ごろは例年6月上旬から7月上旬。混雑を避けるならお盆過ぎから9月中旬のちょっと枯れた時期も趣がある。

コースタイム（1泊2日）

累積標高差＝約1300m
1日目＝4時間25分
2日目＝8時間

コース評価

体力（標高差）	40点	
登山時間加算	10点	B
高山度（標高）	0点	D
険しさ	0点	D
迷いやすさ	3点	C

総合点　55点[中級]

※宿に泊まり日帰り装備で歩くことを想定

左／元地灯台付近から海を見下ろす。目をこらせば岩棚にアザラシが　上／礼文島の固有種、レブンウスユキソウ。礼文林道で6月中旬〜7月下旬に見られる

■コースガイド(撮影=7月中旬、8月上旬)

　地元ではコース後半の「8時間コース」について、迷いやすさなどの点から北から南下することを推奨している。本書では逆に北上するプランで紹介するが、これは途中の宇遠内の海岸が荒れていた場合、北上プランのほうが引き返しやすいこと。登山の注意力と判断を伴って歩けば特に迷いやすいとは思えないこと。そして(これは主観もあるが)北上する方が景観的にも達成感も大きいと思われるからである。

1日目：桃岩歩道から礼文林道へ

　島南端の知床集落から高台に建つ元地灯台へと向かう。開放的な草原いっぱいに花が揺れ、振り返れば青い海にすっくとした利尻山が浮かぶ。灯台から桃岩展望台間は桃岩歩道と呼ばれ、礼文島を代表するハイキングコースとなっている。たおやかな丘と花々、青い海が織りなす景観は、どこまでも歩きたくなる独特のもの。途中のつばめ山はコース随一の好展望地だ。

　桃岩展望台から道道香深元地線旧道に下り、礼文林道へ入る。道自体はやや味気ないが、レブンウスユキソウ群生地をはじめ花は多く展望もいい。所々、林道を外れて歩道があるので寄ってみるといいだろう。やがて道は下りに転じ、宇遠内分岐を直進し香深井集落へと下ってゆく。キャンプ場は海岸手前の左手にある。

2日目：8時間コース〜スコトン岬

　前日の礼文林道まで戻り、宇遠内分岐から峠を越えて西側の宇遠内に出る。番屋数軒が立ち並ぶひそとした集落だ。ここからは断崖下の海岸線をたどるが、高波時は無理をせず引き返そう。行く手を阻むように聳えるアナマ岩まで来たら、手前のアナマ川右岸を50mほど遡り、ザレた急斜面を登って尾根上に出る。本コース中、一番わかりにくい場所だが、注視すればペンキ跡や踏み跡が見つかるはずだ。

　道は樹林帯へと入り、しばしあまり展望が利かない。やがて笹原が開け、木の電柱が出てく

お花畑の向こうに利尻山。元地灯台への道で

つばめ山付近から見た桃岩歩道。左奥の巨岩が桃岩。咲き乱れる花はもちろん、大らかな地形に気分も開放的に

宇遠内の海岸を行く。断崖に刻まれた地層が豪快だ

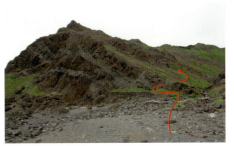
アナマ岩の取り付き地点。赤で示したラインで川を少し遡る

ると召国（めしくに）分岐。その先で西上泊、ゴロタ山方面の好展望地がある。

西上泊の澄海（すかい）岬は観光名所で、食堂やトイレがある。コースは車道を少し登って神社の左脇を抜け、お花畑の丘を越えてゆく。鉄府（てっぷ）集落を抜けるとゴロタ浜が大きく弧を描き、その先にゴロタ山が飛び出して見える。どこか懐かしさを感じる砂利道を行った先で木の階段を登ればその頂だ。辿ってきた山々はもちろん、周氷河地形と呼ばれる独特の柔らかい地形が見ものである。周辺は季節ごとに様々な花が見られ、時間が許す限りゆっくりしたい。フィナーレは、最果て感を噛みしめながら、茫漠とした景色の中をスコトン岬に向かおう。

ゴロタ浜は海辺を歩いてもいい。正面の岩山がゴロタ山

スコトン岬を見ながらゴロタ山のお花畑を下ってゆく

アクセス

行き＝香深フェリーターミナル（宗谷バス8分、☎0163-86-1020）知床。帰り＝スコトン岬（宗谷バス約1時間）香深FT。中間点の香深井へは香深FTから11分、スコトン岬から約50分。それぞれ1日4〜5便あり。郊外は停留所以外でも乗り降りできるフリー乗降。

タクシーは礼文ハイヤー（☎0163-86-1320）、イシドウハイヤー（☎0163-86-1148）、開成タクシー（☎0163-87-3222）がある。

宿泊

■島内の宿泊施設の問合せ
礼文島観光協会☎0163-86-1001
■キャンプ場
●緑ヶ丘公園キャンプ場：香深井集落北側にある。本コースを1泊2日で踏破する時に便利。近くに商店はない。問現地☎0163-86-1797、礼文町建設課☎0163-86-1001
●久種湖畔キャンプ場：島北部の船泊地区にある。近くに商店あり。問現地☎0163-87-3110
どちらも5〜10月開設。有料。

入浴

■礼文温泉うすゆきの湯
香深FTから徒歩3分。12〜22時（4〜9月）、13〜21時（10〜3月）。大人600円。☎0163-86-2345

2万5000分の1地形図

香深、礼文岳、船泊

緑ヶ丘公園キャンプ場は森に囲まれた閑静な雰囲気

COURSE 03 天塩岳

てしおだけ 1558m

天塩岳ヒュッテ→前天塩岳→天塩岳→天塩岳ヒュッテ

前天塩岳から天塩岳に向かう。左奥はニセイカウシュッペ山

道内では石狩川に次ぐ長さを誇る天塩川は、「梁のような岩がある川」を意味するアイヌ語「テシ・オ・ペッ」が語源といわれている。その水源となっている山。北見山地の山懐に位置することから、なかなかその山容を捉えにくいが、利尻山を除けば道北の最高峰であり、実際に歩いてみると前天塩岳や西天塩岳を従えた堂々たる姿に感動を覚える。

登山道は士別市側から3本、滝上町側から1本あるが、後者は実質的に廃道となっている。ここでは天塩岳ヒュッテを起点に、前天塩岳を経由して天塩岳に登り、近年登山道が拓かれた西天塩岳に寄って新道を下山する周回コースを紹介する。

コースタイム(日帰り)
累積標高差＝約1130m
登り＝4時間
下り＝2時間35分

コース評価
体力(標高差) 45点
登山時間加算 5点 C
高山度(標高) 6点 B
険しさ 3点 C
迷いやすさ 3点 C

総合点　60点[中級]

左／北大雪・比麻良山から遠望した天塩岳　上／高山帯ではこの山だけで見られるというエゾゴゼンタチバナ。円山からの下りにて

■ コースガイド (撮影=7月上旬)

前天塩コースから天塩岳へ

まずは天塩岳ヒュッテ玄関の入山ノートに記帳し、同時に連絡事項を確認しよう。登山口はヒュッテの左横にある。造林道跡の道を行くと、すぐに鉄製の橋で天塩川を渡る。道内屈指の大河もすでに源流域の渓相だ。その後も3回ほど川を渡るが、いずれも毎年登山シーズンに合わせて仮設橋が架けられる。

帰路に下りてくる連絡路を右に見て、なおも沢沿いの道を行くと旧道分岐点に着く。沢に沿って直進する旧道を見送り、大きく折り返しながらひと登りすると斜度が緩んでしばし山腹のトラバースとなる。対岸はるか高くには新道のある稜線が見え、早い時期には雪渓も輝いている。

やがて細かくジグザグを切り始めたと思うとみるみる斜度が増してくる。前天塩岳山頂まで続く長い急登の始まりだ。ここは焦らず自分のペースで登っていこう。標高1300m付近でダケカンバ林、さらにひと登りしてハイマツ帯に入ると、先ほどの対岸稜線上に新道の刈り分けや避難小屋が見え、その奥に十勝連峰が頭を覗かせてくる。やがて巻き道が分かれるが、さらなる展望に期待するならここは直進。最後は岩れき

各階にストーブもある天塩岳ヒュッテ

の急な登りをひと踏ん張りで前天塩岳に着く。どっしりとした天塩岳を中心に、右に大雪山、左にニセイカウシュッペ山が控え、その雄大なパノラマには疲れも忘れることだろう。

ひと休みしたら本峰・天塩岳に向けて出発しよう。いったん鞍部まで下り少しだらだらした後、標高差約200mを登り返す。景色が大きいだけに遠く見えるが、展望を楽しむうちに登りきってしまうだろう。山頂からは遮るものなく大雪山系が望めるほか、台地状の浮島湿原、運がよければはるか利尻山まで見ることができる。

西天塩岳経由で新道を下る

山頂から西の方角を見ると平坦な尾根上にひと筋の登山道が見える。これがこれから下る新道である。山頂を後にガレ場の急斜面からハ

川を渡る場所には橋が設置される

トラバース道から対岸の稜線を見上げる

円山と西天塩岳(左)を背に前天塩岳へ

イマツ帯へとジグザグに高度を下げてゆくと、ほどなく斜度が緩んでネマガリダケの刈り分け道となる。気持ちのいい広い道からやがて左手に別れるのが、近年拓かれた西天塩岳への道である。はじめはまだ所々にネマガリの切り株が残る道、その後は岩れきの登りとなる。

西天塩岳は3つのピークが連なるが、一番手前が最も高く、道があるのもここまでである。天塩岳と前天塩岳が双耳峰のように並び、新道から見るのとはまた違った趣がある。下りは避難小屋に直接下る道があるが、視界不良時や残雪期は目印に乏しいかもしれない。避難小屋はしっかりした作りで中もきれいだ。併設するトイレとともに大切に使いたい。

ここから緩く登り返した高みが通称円山（まるやま）と呼ばれる1433m標高点。天塩岳の全貌はここで見納めとなる。にわかに斜度が増した大斜面を大きく電光を切りながら下っていく。逆コースの場合は頑張りどころといえるだろう。やがてダケカンバ林に入り、さらに高度を下げると道は平坦になって連絡路分岐に着く。

連絡路はその名の通り新道と旧道を結ぶ道で、ヒュッテを起点に周回で歩けるため利用者が多い。ほとんど樹林帯の急斜面を下って旧道に出たら、あとは往路を天塩岳ヒュッテに戻る。

なお、連絡路分岐からそのまま新道を下り、新道登山口に下山してもいい。前半は尾根道、後半は緩いアカエゾマツの造林地となる。利用者が少ないと見えてやや草は繁り気味、加えて取材時はダニも多かったが、静かな森歩きが味わえる。新道登山口から天塩岳ヒュッテまでは林道を歩いて15分ほどだ。

左／天塩岳山頂から大雪山方面を望む。左がニセイカウシュッペ山、右にやや雲を被って表大雪、そしてその間遠くに石狩岳や音更山など東大雪の山々が見える　上／コース上随所でイソツツジの群落が見られる

西天塩岳から見る天塩岳（右）と前天塩岳。双耳峰のようだ

連絡路分岐。連絡路は右、新道登山口は直進

アクセス
利用できる公共交通機関はない。タクシーが使える最寄り駅はJR石北線愛別駅だが、登山口まで約40kmあり、所要時間は約1時間30分、料金は1万円以上。要予約。愛別ハイヤー☎01658-6-5234

■ マイカー
道道101号於鬼頭峠の北側峠下から天塩川沿いの市道朝日天塩岳道路に入り（標識あり）、約17kmで天塩岳ヒュッテ着。途中、ポンテシオダムから未舗装。

宿泊
■ 天塩岳ヒュッテ
登山口に建つ無人小屋で自由に利用可能。寝具、食料等は持参。収容40人。無料。キャンプ場隣接。問士別市朝日総合支所経済建築課☎0165-28-2121

入浴
■ 協和温泉
登山口から約34km。愛別町郊外にある一軒宿。道道101号に案内板あり。7〜22時。大人500円。
☎01658-6-5815

2万5000分の1地形図
宇江内山、天塩岳

COURSE 04 知床連山 羅臼岳・硫黄山

らうすだけ 1661m・いおうざん 1562m

岩尾別温泉→羅臼岳→二ツ池（泊）→硫黄山→カムイワッカ湯の滝

オッカバケ岳から二ツ池へ。正面左端が硫黄山

　知床はアイヌ語で「地の果て」を意味し、全長約60kmの細長い半島に今なお色濃い自然環境が残されている。
　羅臼岳は半島に連なる山々の最高峰で、遠くからでもひと目でわかる風格がある。登山道は半島両側からと硫黄山までの縦走路があり、大半の登山者はウトロ側からの岩尾別コースを日帰り往復する。硫黄山はかつて硫黄の採掘場があった山で、新噴火口付近にその名残を見ることができる。知床の自然を肌で感じるには縦走をしてこそ、といいたいところだが、道迷いや滑落などの事故も多く、ヒグマにも注意が必要だ。技量と体力、季節や天候など総合的に判断してほしい。

コースタイム（1泊2日）

累積標高差＝約2330m
1日目＝6時間20分
2日目＝5時間50分

コース評価

体力（標高差）	55点
登山時間加算	10点 B
高山度（標高）	10点 A
険しさ	6点 B
迷いやすさ	6点 B

総合点　85点[上級]

※縦走装備の場合
※羅臼岳のみ往復の場合は「体力50点」「登山時間加算5点C」「迷いやすさ3点C」の計75点（上級）

左／観光船から見た知床連山。右端が羅臼岳、左端が硫黄山　右／南岳や硫黄山周辺で見られる固有種のシレトコスミレ。花期は6月中旬〜7月中旬

■ **コースガイド**(撮影=8月上旬ほか)

　知床周辺では近年、ヒグマと人間の接近が問題となっている。通常、ヒグマは人間を避けるとされるが、人慣れして逃げない個体が増えているのである。登山においても、コース上にヒグマが長時間居座って下山できない、登れないという報告がある。事故を避けるため、また環境保全の点からも、以下の点に留意してほしい。

　テント泊は必ずキャンプ指定地を利用し、食料はにおいが漏れないようビニール袋などに入れて備え付けのフードロッカーに保管する。調理や食事はテントから離れた場所で行い、においの強い料理を避ける。ゴミの放置は論外であり、排泄も携帯トイレを使用する。これらは自分のためだけでなく、後からやってくる登山者のため、また人慣れした結果、駆除されるかもしれないヒグマのためにも徹底してほしい。

　縦走は羅臼岳から硫黄山方向に歩く場合は三ッ峰または二ツ池に、逆方向の場合は硫黄山第一火口に泊まっての1泊2日が一般的。無用の長泊は避けたい。また、どちらから歩くにせよ硫黄山登山口ーカムイワッカ湯の滝間の歩行は、事前にオホーツク総合振興局への申請が必要となる。詳しくは「オホーツク総合振興局、道道知床公園線」で検索、または☎0152-41-0726(同振興局)へ問い合わせを。

岩尾別コースから羅臼岳へ

　岩尾別温泉ホテル地の涯の右横を入ってゆくとログハウス調の木下小屋があり、登山口はその前にある。まずは急な登りで尾根に乗り、その後も視界の利かない樹林帯を緩急繰り返しながら淡々と登ってゆく。通称オホーツク展望は周囲の木が伸びて、気づかぬうちに通り過ぎるかもしれない。

　やがて連峰の一部が見えはじめ、左手に沢の気配を感じると弥三吉水の水場である。この先の水場は時期により頼りないこともあるので、ここで必要分を補給しておこう。その先しばらく極楽平と呼ばれる平坦な所が続いたのち、一

登山口の木下小屋。露天風呂もあり

左/前半の樹林帯にはヒグマの好むアリの巣が多い。警戒を呼びかける看板を見ながらゆく　上/冷たく水量も充分な弥三吉水

上/大沢の雪渓を登る。斜度があるので下山に使う場合は滑落注意　右/羅臼平から見上げる羅臼岳。標高差はまだ300m以上あるぞ

転して急斜面をジグザグに登るようになる。銀冷水(ぎんれい)の水場を過ぎ、山腹を巻くように大沢へと入ってゆく。例年夏まで急な雪渓が残り、状況に応じてガイドロープ等が張られるいっぽう、雪解け後の斜面は次々と花が咲き美しい場所でもある。次第に傾斜が緩んで沢が開けてくると羅臼平で、右手に羅臼岳山頂部が大きく迫る。

縦走路を左に分け、木下弥三吉のレリーフの先で羅臼側からの登山道を迎え、そこから右に折れて山頂に向かう。ハイマツの緩斜面を登り、岩の間から水が滴る岩清水を過ぎると、にわかに大岩が累々と重なる険しい登りになる。うかつによそ見はできないが、手元足元に花の多い所である。ペンキ印に導かれながら慎重によじ登っていけばやがて待望の頂上だ。これから向かう連山、振り返って知西別岳(ちにしべつ)から海別岳(うなべつ)、斜里岳へと続く山並み、そして根室海峡を挟んで目と鼻の先に国後島。まさに地の果ての光景である。

縦走路を二ツ池へ

羅臼平の木下弥三吉レリーフからわずかに岩尾別温泉側に下り、三ッ峰に向かう縦走路に入る。被り気味のハイマツを分け、お花畑の急斜面を登って三ッ峰のピークの間を越えてゆく。縦走路は山頂を通らないが、踏み跡はあるので寄ってみてもよい。

二重山稜のような地形を下った先が三ッ峰のキャンプ指定地で、フードロッカーの場所を示す標識が立っている。道は再び登りとなり、チングルマやハクサンチドリの群落の中をサシルイ岳へと向かう。ここも最高点は踏まず、西峰をかすめるのみだ。展望はよく、知円別岳(ちえんべつ)から硫黄山への連なり、とりわけハイマツ帯と白いザレ場のコントラストが目を引く。振り返れば三ッ峰越しの羅臼岳も印象的だ。

サシルイ岳を下り始めるとすぐに大きな雪渓が残る沢地形となる。そこそこ斜度もあるので、雪が硬い日は転倒に注意を。雪渓尻から沢が狭まった低木帯に入った先で道は直角に左折し、花咲く湿原と池塘が点在する小庭園に出る。目の前のオッカバケ岳は、大きく見えてさくっとひと登りの距離。視界が開けて眼下に真っ青な二ツ池が姿を見せる。時間帯により表情が変わる絶景ポイントで、特に朝は「はるか国後に白夜は明ける」の世界である。

キャンプ指定地は手前側の池のほとりにある。池の水は煮沸すれば使えるが、水質はあまりよくない。

羅臼岳山頂からの知床半島基部方面。眼下に羅臼湖が見える

山頂周囲は崖。つまづきや転落に注意を

サシルイ岳に向かってお花畑の中をゆく

硫黄山を越えて

　二ツ池から先は進むほどに道の状況が悪くなり、不明瞭な箇所や危険箇所も増える。特に視界不良時や大雨・強風といった荒天時は事故の危険性も高い。羅臼平経由で来た道を引き返す選択肢も考えておきたい。

　二ツ池の周辺にはチングルマの群落が広がり、その光景はまるで天国のようだ。池のほとりを巡ったのち、南岳への稜線に取り付く。ここは硫黄山まで続く巨大な火口壁の一端であり、コースはその縁に沿うようについている。ハイマツが被り気味の歩きにくい道だが、このあたりから所々現われる砂れき地に固有種のシレトコスミレが見られるようになる。

　南岳を過ぎて平坦なお花畑を横切ると、道は稜線の右斜面を巻くようにしながら知円別岳の肩に出る。知床岬へと続く主稜線と別れ、知円別岳頂上直下のガレ場をトラバースして硫黄山方面に向かう。白い火山灰の痩せた尾根上に岩峰が屹立し、その間を縫うように進んでいく

サシルイ岳からは三ツ峰と羅臼岳が重なって見える

が、強風時などは緊張感を覚える場所だ。その先で急な岩山を越えると小さな火口を挟んで硫黄山が現れる。第一火口キャンプ指定地は、この火口手前の分岐を左に下る。

　硫黄山は基部を右に巻いたところから取り付くが、踏み跡やペンキ印が不明瞭でわかりにくい。落石や滑落にも充分注意しよう。主稜線から外れた山頂からは、知床連山はもちろん斜里岳方面まで奥行感を持って一望できる。

　下山は山頂取り付き地点から硫黄川の谷に下ってゆくが、ここも視界不良時は目印に乏し

左／オッカバケ岳の雪渓を下る。軽アイゼンがあると安心だ　上／二ツ池キャンプ指定地は俗世を忘れる別天地。植生の保護等には充分な配慮を。少し離れたハイマツ帯にフードロッカーがある

硫黄山に向かって知円別岳山頂下をトラバース

硫黄川下部。状況に応じた判断が必要だ

い。ウブシノッタ川の谷とを分ける小さな尾根を右に意識しながら、左にカーブするように下るとよい。その後は涸沢の下りとなり、途中2箇所に滝がある。早い時期は雪渓上を、解けてからは巻き道を下るが、状況により踏み抜きや滑落の危険を伴い、難しい判断と緊張を強いられる。

　標高960m付近の硫黄川分岐で沢に張られたロープに導かれ、左のハイマツ帯に上がる。目立つ処置なので見落とすことはないと思うが、間違えて下りすぎないように。しばし根のはびこった歩きにくい道をゆくと、荒涼とした新噴火口に出る。随所に噴気口と硫黄の結晶を見つつ、ルートを外れないよう下ってゆく。カムイワッカ川を見下ろす場所を過ぎると尾根を巻くようにして広葉樹林に入る。ゴールは近いが、ヒグマの目撃情報が多い場所でもありまだ気は抜けない。登山口に出たら、未舗装の道道を歩いてバス停のあるカムイワッカ湯の滝に向かう。

アクセス

行き＝JR釧網線知床斜里駅（斜里バス1時間、☎0152-23-2451）ウトロ温泉バスターミナル（タクシー約20分、約5000円。ウトロ観光ハイヤー☎0152-24-2121）岩尾別温泉。またはウトロ温泉BT（斜里バス16分）岩尾別（徒歩1時間強、4km）岩尾別温泉。
帰り＝マイカー規制期間（8月上旬〜下旬）：カムイワッカ湯の滝（シャトルバス47分。問斜里バスに同じ）ウトロ温泉BT（斜里バス1時間）JR知床斜里駅。マイカー規制期間外はシャトルバスが運行しないため、タクシーを利用（約40分、約9000円、カムイワッカは通話圏外につき要事前予約）。

■マイカー
国道334号と道道93号分岐にある知床自然センターまたはウトロ市街に駐車し、上記のバス、タクシー等を利用する。岩尾別温泉、カムイワッカ湯の滝（マイカー規制期間外のみ）は、ともに登山者用駐車場は数台分程度と限られている。岩尾別温泉ホテル地の涯の駐車場は基本的に宿泊者用だが、状況により相談に乗ってくれるとのこと。

宿泊

■ウトロ周辺の宿泊施設の問合せ
知床斜里町観光協会☎0152-22-2125
■木下小屋
岩尾別温泉登山口にある素泊り専用の山小屋。露天風呂がある。開設＝6月中旬〜10月中旬。収容30人。有料。問現地☎0152-24-2824、期間外（四井弘）☎0152-23-8226
■国設知床野営場
ウトロ市街から約1kmの高台にあるキャンプ場。開設＝6月上旬〜9月30日。有料。問現地☎0152-24-2722、網走南部森林管理署☎0152-62-2211

入浴

■ウトロ温泉　夕陽台の湯
知床野営場近くの公営温泉。6月1日〜10月31日。14〜20時。大人500円。☎0152-24-2811
　そのほかウトロの多くの宿泊施設で可能。

2万5000分の1地形図
知床五湖、硫黄山、羅臼または知床峠

COURSE 05 斜里岳

しゃりだけ 1547m

清岳荘→(旧道)→斜里岳→(新道)→清岳荘

山頂手前から海別岳、知床方面を見る。雲海上にはうっすらと国後島の爺爺岳も見える

知床連山と阿寒の山のほぼ中間に位置し、千島火山帯に属する古い火山。大きく裾野を広げた独立峰的な姿は、網走近郊の濤沸湖や斜里方面からすぐにそれと認められるが、実際に登ってみると意外なほどに複雑な地形で変化に富んでいる。山名は斜里川の水源にあることに由来し、シャリはアイヌ語で「サル＝葦の生えた湿原」が訛ったものとされている。

登山道は清里町側に2コース、斜里町側に1コースある。コースの面白さ、難易度は甲乙付けがたいが、標高差の小ささと利便性のよさから大半の登山者は前者を利用する。その清里町側から上りと下りでルートを変えて紹介しよう。

コースタイム(日帰り)

累積標高差 = 約1080m
登り = 3時間20分
下り = 2時間50分

コース評価

体力(標高差)	45点	
登山時間加算	5点	C
高山度(標高)	6点	B
険しさ	10点	A
迷いやすさ	3点	C

総合点　70点[中級]

※新道往復の場合は「険しさ3点C」「迷いやすさ0点D」の計60点(中級)

西側の小清水町郊外から見た斜里岳。斜里町など北側からの端正な形に比べ、やや変化のある姿になる。一帯にはでんぷん加工用ジャガイモ畑やビート畑が広がる

■ **コースガイド**(撮影＝7月下旬)

　先に「清里町側に2コース」と書いたが、正確にはコース途中で旧道と新道とに別れ、上部で再び合流する。本書を含めて多くのガイドブックが「登り＝旧道、下り＝新道」プランで紹介しているが、旧道はほぼ沢登りといってよく、決して万人向けのスタンダードというわけではない。毎年、滑落等の事故も起きており、沢慣れしていない人や増水時は、新道の往復をおすすめする。なお、地元では下山に旧道を使わないよう呼びかけている。

旧道コースから斜里岳へ

　スタートは清岳荘の右横。樹林帯の歩道はすぐに一ノ沢沿いの林道に出て、かつての清岳荘があった終点までゆく。そこから沢沿いの登山道となり、右に左にと徒渉を繰り返す。通常の水量であれば飛び石伝いに登山靴のまま渡れ、意外とグリップも利く。都合10回程度渡渉すると新道分岐点の下二股。ここまでで不安を

登山口の清岳荘。宿泊利用だけでなく山の情報も得られる

感じるようなら新道を往復することにしよう。
　下二股からは斜度が増し、いくつもの滝が現われる。水蓮ノ滝、三重ノ滝、羽衣ノ滝、万丈ノ滝……。それぞれ名前と渓相を見比べながら、高巻きや岩登りなど変化に富んだ楽しい行程が続く。ただし、以前に比べて鎖やロープの設置箇所が減っている模様で、慎重な行動が求められる場面もある。特に後半では階段状の流れの中を登るような所もあり、気を抜けない。
　やがて水量が減ってくると新道が合流する上二股。ここには携帯トイレブースが設けられてい

登山道に入るとすぐに渡渉が始まる。下二股までは小手調べレベルだが、慣れない人は時間を要するかも

旧道は朝日に向かって登る。谷間には己のシルエットが

上部では半分流れのなかを歩く場面も

胸突八丁のザレ場から馬ノ背へ。背後に阿寒の山が見えてくる

る。ミヤマハンノキとダケカンバの低木帯からチシマノキンバイソウやヨツバシオガマが足元を彩る道をたどり、さらに滑りやすいザレ場をジグザグに登ると稜線上の馬ノ背である。振り返れば遠く雌阿寒岳と雄阿寒岳が重なって見える。

ここでコースは左に折れ、山頂に向けて急な登りが始まる。展望はよく、ミヤマオダマキやチシマギキョウ、エゾカンゾウなど花も賑やかだが、足元は滑りやすくよそ見には要注意だ。祠のある小ピークを越え、右手がガレたコルを通過すれば、ひと登りで山頂に着く。知床や阿寒の山々をはじめ、オホーツクの海岸線と幾何学的な畑模様など、展望は見飽きることがない。

新道経由で下山

スリップに注意しながら上二股まで下り、新道に入る。すぐの分岐が竜神ノ池への道。棚田のような小さな池だが、湧き水があるらしく底まで澄んでいる。行程に変化を与えてくれるので寄ってみるといいだろう。池の先で再び新道と合流し、小さく登ると1250mコブ。山頂一帯の複雑な地形がよく判るポイントだ。コブから左に折れ、展望のいい尾根道を二度三度起伏しながら熊見峠へと向かう。新道を登りに使う場合は、ここ

山頂から見下ろした玉石ノ沢コースの尾根

でピークを望むことになり、俄然元気が湧いてくることだろう。熊見峠自体は周囲のハイマツが高く、眺めは今ひとつである。

熊見峠を後にやけに曲がったダケカンバの目立つ尾根をしばらく下った後、道は右に折れて一気に下二股へと駆け下りる。ときに木の枝や岩に掴まりながらの急な下りは、疲れた脚にこたえるものだ。下二股まで下ったら、あとは来た道を清岳荘へと戻る。

■サブコース：玉石ノ沢（三井）コース

前半はその名の通り玉石が敷き詰められたような涸れ沢の道。途中から尾根に取り付いてダイレクトに山頂へと突き上げる。滑りやすい急登や痩せた岩稜もあるが、好展望が魅力だ。難易度は旧道と同程度。年によっては草やハイマツが被り気味となる。

広い山頂から雄大な展望を楽しもう

熊見峠付近から新道の尾根と山頂（左）を展望する

神様の田んぼ？と思うような竜神ノ池

アクセス
往復＝JR釧網線清里町駅(タクシー約30分、約4000円。清里ハイヤー☎0152-25-2538)清岳荘。なお、町営バスに清里町駅経由の「斜里岳登山口」行きがあるが、清岳荘まで約8km歩くのと、ダイヤ・運行日が限られるためあまり実用的ではない。

■マイカー
清里町市街地から道道857号を南下し、標識に従って左折すると清岳荘へと続く砂利道に導かれる。周辺国道、その他要所に標識あり。清岳荘前に広い駐車場(100円/日)がある。

宿泊
■清岳荘
清里コース登山口にある管理人常駐の素泊り小屋。寝具(貸し出し有り、有料)、炊事用具、食料、水は持参する。開設＝6月下旬～9月下旬。収容50人。有料(大人2050円、子供1020円)。問きよさと観光協会☎0152-25-4111。なお、駐車場でのテント泊は不可。車中泊は管理人に申し込む(有料、510円/泊)。

■清里オートキャンプ場
登山口から約13kmの江南地区にある。シャワー、洗濯機などあり。開設＝6月中旬～9月上旬。有料。問現地☎0152-25-3500、清里町役場企画政策課☎0152-25-3601

入浴
■ホテル緑清荘　きよさと温泉
登山口から約14km、清里市街地にある。10～22時。大人390円。☎0152-25-2281
　そのほか清里町内には、道の駅パパスランドさっつる(登山口から約16kmの札弦地区。☎0152-26-2288)、緑の湯(同約24kmのJR緑駅前。☎0152-27-5511)の日帰り温泉施設がある。

2万5000分の1地形図
斜里岳

COURSE 06 | 西別岳、カムイヌプリ（摩周岳）

にしべつだけ 800m、かむいぬぷり（ましゅうだけ）857m

西別小屋→西別岳→カムイヌプリ（往復）

カムイヌプリ山頂から火口越しに摩周湖を見る。左奥は阿寒の山

　カムイヌプリは世界屈指の透明度を誇る摩周湖の一角にせり出した火山で、摩周岳とも呼ばれている。カルデラ湖にもうひとつ火口を突っ込んだような特異な地形は、火山好きならずとも好奇心をくすぐられることだろう。対してなだらかな尾根で繋がる西別岳は根釧台地を見晴かす高原といった趣で、低い標高の割に高山植物が多いことで知られている。
　カムイヌプリは第一展望台から、西別岳は西別小屋からそれぞれ往復する人が多いが、二つの山を繋いで歩けば爽快で歩きごたえのある1日となる。カムイヌプリ山頂部以外はとくに危険な箇所もなく、家族連れや初心者にもおすすめだ。

コースタイム（日帰り）

累積標高差＝約970m
登り＝3時間10分
下り＝2時間30分

コース評価

体力（標高差）	45点
登山時間加算	5点 C
高山度（標高）	3点 C
険しさ	3点 C
迷いやすさ	0点 D

総合点　55点[中級]

※コースタイムはカムイヌプリまで

左／絵はがきやポスターでお馴染み、摩周湖第一展望台からのカムイヌプリ。　上／朝露に濡れるミヤマオダマキ。リスケ山にて

■ コースガイド（撮影＝6月中旬）

西別小屋から西別岳へ

　虹別方面から登山口へいたる林道は、ロングトレイル「北根室ランチウェイ」の一部になっていることもあり、時折、歩行者がいる。車の運転には注意しよう。登山口には数十台は停められる広い駐車場と西別小屋、トイレがある。西別小屋は立派なログハウスで、誰でも無料で泊まれるが水場がない。利用の際は必ず水を持参すること。水場はコース上にもなく、全般に日当たりのいい道が続くため充分用意していこう。

　登山口は山に向かって駐車場の右端。傍らには入山ポストと掲示板がある。最初はカラマツ林の中にまっすぐ延びる林道跡を登ってゆく。やがて左に曲がりながらシラカバ林へと入り、さらに笹の原へ。左手に小さな沢型を見るところが「うぐいす谷」で、確かに取材時はウグイスのさえずりがよく響いていた。

　そこから道は一面の笹原を一直線に登っていく。その名も「がまん坂」と名付けられた急登で、勾配は二次曲線を描くかのように増していく。いよいよふくらはぎが悲鳴を上げそうになるころ「がまん坂終わり」の標識が現れて、若干斜度が緩む。振り向けば広い植林帯の向こうに格子状防風林に仕切られた牧草地帯が地平線まで続き、いかにも根釧地方らしい光景だ。チシマフウロやミヤマオダマキ、ヨツバシオガマなどが咲き第一お花畑と呼ばれている。

　道は尾根に沿って左にカーブしながら若いダケカンバ林に入るが、ほどなく抜けて第二お花畑となる。その先で右に分かれるのは787m標高点、通称リスケ山への道。リスケ山の名は、長年周辺の登山道整備や植物の盗掘監視に携わってきた加藤利助さんにちなむ。ほんの1、2分の距離だが帰路に寄るとして、ピーク下をトラバースしながら西別岳へと向かおう。ごく緩やかな起伏を描く稜線にはお花畑が広がり、ごくらく平の標柱が立っている。最後にクイッとひと登りすれば西別岳山頂である。これから向かうカムイヌプリと摩周湖、阿寒の山、武佐岳や標津岳から斜里岳への山並み、そして根釧台地の広がりに国後島まで360度の大展望だ。

カムイヌプリへ

　西別岳からカムイヌプリを正面に見ながら石の敷かれた坂を下る。消えそうな文字で又牛別岳とある標柱が立つコブを越え、急な坂をさらに下ってゆくと、傾斜が緩んで笹とダケカンバの疎林となる。広い尾根は起伏も大らかで、高原歩

登山口の広い駐車場と西別小屋

まさに直登、がまん坂を登る

コースの大半は見晴らしのいい尾根道。西別岳山頂から

きのような気持ちよさだ。丸い「宮」の字が彫られた三角点のような標石は、かつての御料林（戦前の皇室所有の森林）境界を示すもの。その標石のあるところを左に曲がり、平坦でまっすぐな道を行くと第一展望台コースが合流してカムイヌプリの分岐点である西別岳分岐に着く。

カムイヌプリ方面の道に入り、いったん小さく下ったのちにゆるゆると登りに転じる。ここはすでに火口壁の上であり、時折若いダケカンバ林の間から険しい内壁と緑に覆われた火口底がチラチラと見える。進むほどに傾斜は増し、間近に迫った岩壁の険しさに思わず目を見張る。いよいよ頂上岩峰が頭上に覆い被さってきたところで、火口壁上を離れて右手の斜面を巻くように登る。最後に急な道を詰めれば、高度感あふれる山頂に飛び出す。山頂は狭く、周囲は脆い岩壁なので充分に注意しよう。

その展望は圧巻だ。目の前にはほぼ同じ高さの855mピークが屏風のようにそびえ、稜線越しに摩周湖が覗く。右に目をやれば、すぐ真下にまで入り組んだ湖面が妖艶ともいえる摩周ブルーの輝きを放っている。しかし、なんといっても印象的なのは足元の火口である。周囲のたおやかな山並みからは想像しがたいその急峻さ、深さはクレーターと呼ぶにふさわしく、火山王国

カムイヌプリから見た西別岳。なだらかな山容だ

北海道でも屈指の見事さといえるだろう。

帰路は来た道を戻る。花と展望に恵まれたリスケ山にも寄ってみよう。

■サブコース：第一展望台コース

観光地でもある摩周湖第一展望台からのコース。よく整備され危険な箇所もないことから利用者も多い。登山口の標高がすでに約650mあるため大きな登りはなく、往復とも所要時間はあまり変わらない。緩く何度か繰り返すアップダウンと片道7.2kmという距離に、帰路は意外と長く感じるだろう。コース前半は木々に視界を遮られるところもあるが、683mコブを過ぎてからは西別岳や摩周岳を見ながらの開放的なハイキングとなる。車の手配がつけば西別岳と結んで歩くと面白い。

西別岳からカムイヌプリへ。縦走路というより高原歩きの雰囲気

ベンチが置かれた西別岳分岐

斜里岳は意外と遠く見える

アクセス
往復＝JR釧網線摩周駅(タクシー約40分、約8000円。摩周ハイヤー☎015-482-3939)登山口

■マイカー
国道243号から道道885号に入り、3.2km先の孵化場線、または5.2km先の63線を左折。西別林道へと進む。国道から約12.5kmで登山口。要所に標識あり。または道道150号の10kmポスト付近の林道十字路を西に入り、道なりに約5kmで登山口。林道ゲートは夏～秋は通常開放(問標茶森林事務所☎015-485-2077)。普通車で通行可能だが運転は慎重に。駐車場は数十台分と広い。

宿泊
■西別小屋
登山口に建つ立派な無人小屋。水、寝具、食料持参。

林道ゲート開放に合わせて利用可。収容50人。無料。
問標茶町観光振興係☎015-485-2111
■多和平キャンプ場
高台の牧場のど真ん中にあり開放的。登山口まで約20km。開設＝5月1日～10月31日。有料。問グリーンヒル多和☎015-486-2806

入浴
■養老牛温泉
登山口から道道150号経由で約15km。2軒の宿がある。湯宿だいいち(13～15時、19～21時。大人600円。☎0153-78-2131)、ホテル養老牛(15～21時。大人500円。☎0153-78-2224)

2万5000分の1地形図
摩周湖南部

COURSE 07 武佐岳

むさだけ 1005m

第一登山口→武佐岳（往復）

双耳峰のピークを見ながら七合目付近の尾根を登る

標高はさほど高くないが、中標津方面から見る姿はなかなか端正であり、土地勘がないと一瞬、斜里岳かと思うほど。西に位置する標津岳とともに毎年6月に山開き登山会が開かれ、市民に親しまれている。映画「遙かなる山の呼び声」で、今はなき標津線上武佐駅とともに映る姿が印象的だ。

「武佐」の名はイラクサを意味するアイヌ語のモサが語源とも言われている。登山道はその中標津町武佐地区側から登る1本のみ。かつてあったクテクン滝周りの道は廃道となった。斜里岳や阿寒の山などに対して知名度は今ひとつだが、特に危険な箇所もなく、雄大な展望が楽しめるいい山である。

コースタイム（日帰り）

標高差＝約760m
登り＝2時間50分
下り＝2時間20分

コース評価

体力（標高差）	40点	
登山時間加算	0点	D
高山度（標高）	3点	C
険しさ	0点	D
迷いやすさ	3点	C

総合点　45点[初級]

中標津町郊外、俣落付近から見る武佐岳。俣落岳やサマッケヌプリ山などからなる一連の山塊の一座といえるが、その姿は独立峰的

■ **コースガイド**(撮影＝6月中旬)

林道を歩いて山小屋へ

　登山口へは次ページの鳥瞰図の通り、北十九号からクテクンベツ川沿いの林道経由で入る。要所に標識がある。なお、地図上には武佐方面からまっすぐ入る道も記されているが、荒れ気味で普通車には通行困難だ。

　駐車場はトイレのある広い第一登山口と、さらに1kmほど奥の登山口前の2箇所にある。ただ、後者は台数が限られ、また歩いても大した距離ではないので、週末など混雑時は第一登山口から歩くようにしたい。

　その第一登山口はちょっとした展望台になっており、中標津の牧草地帯が見渡せる。スタートは小ぎれいなトイレの横から。林道入口に入山ポストがあるので忘れずに記帳していこう。しばらく歩いた先で最初に出てくる右への分岐は直進する。その先の緩くカーブしたＹ字路が登山口で、武佐岳へはこれを右に入る。傍らに数台分の駐車スペースがある。

　登山道とはいえしばらくは広い林道跡なのに加えて、入り口には車止めのゲートもないため、間違えて（あるいは確信的に）車で入る人もいるようだ。しかし、やがてぬかるみや倒木の悪路となって進退窮まるので、やめておくのが無難で

20台程度は停められる第一登山口駐車場

ある。登山者にとっては何ら問題のない歩きやすい道で、時間の割に距離が稼げる。

　途中で斜めに林道を1本横切り、やや幅員の狭まった道をゆくと無人の山小屋、武佐岳憩清荘がある。木造2階建てでストーブ設置、自由に利用できるが、老朽化は否めない。宿泊場所として計画に盛り込むには少々厳しいコンディションか……。水場は小屋のすぐ先を左に入ったところにあり、憩沢の標識が立っている。

　小屋を後にしてほどなく平らなダケカンバ林を通り抜ける。しかしすぐに針葉樹林に入り、四合目の標識を見た先から急な登りに取り付く。大きくジグザグを切りながら標高差150mほどの登りだ。これで尾根の上に乗ると、いったん斜度が緩んで656m標高点付近を通り過ぎる。

　再び斜度が増してくると七合目で、道が尾根の右側をたどる場所からは目指す頂上がよく見

上／三合目の山小屋、武佐岳憩清荘。床が波打つなど古さが目立つが、内部は明るく、休憩や雨宿りには便利そうだ　右／八合目まで来ると山頂が大きく迫ってくる。ここから頂稜鞍部までの登りが最後にして最大の頑張りどころだ

える。同時に下界の広がりが見えてくるのもこのあたりからだ。ダケカンバの白がきれいな尾根をさらに行き、勾配が緩くなってハイマツが出てくると標高約800mの八合目。周囲が開けたコブ上の見晴台になっていて、グループでも休憩ができる広さがある。斜里岳がピークの一部を覗かせるいっぽう、周りにはコケモモやエゾムラサキツツジ、キバナシャクナゲなどの花も見られ、ひと息つくのにいい場所だ。双耳峰を成す武佐岳頂上も目の前に大きいが、そこに突き上げる尾根は急で思わず溜め息が出るほどだ。

急登を踏ん張り山頂へ

頂上までの標高差は200mほど。周囲は細いダケカンバで明るいものの、視界はあまり利かない。急な直登を一歩ずつ登るのみである。やがて道が右にカーブして傾斜が緩むと、その登りも終わりとなる。着いたところは双耳峰のコルで、頂上はもう目と鼻の先だ。6月中旬の取材時にはハイマツに混じって1本のチシマザクラが淡い花を咲かせ迎えてくれた。

山頂にはシンボルともいうべき大岩があり、よじ登ることもできる。北には海別岳から知床連山への山並みが奥行き感を持って望まれ、少し離れて国後島が大きい。振り返れば双耳峰のもう一峰越しに斜里岳、さらに俣落岳から標津岳、西別岳と幾重にもピークが続く。そして足元はどこまでも広がる根釧台地の大平原。ちなみに近くにある観光名所の開陽台は標高約270m。それよりはるかに高いぶん、いや汗をかいたぶんだけ、地平線がより遠く丸く見えることだろう。

下山は登りで気づかなかった展望を随所に楽しみつつ往路を戻ろう。

山頂への急登を登る

山頂から北方の眺め。左手前の尖峰の奥に海別岳、その右に知床連山

左／複雑な形を見せる斜里岳。右手前は双耳峰の一峰　上／かつての上武佐駅跡から見た武佐岳。映画の中の健さんはここを小走りに現れ、また吉岡秀隆の登校シーンでは「武佐岳登山口」の標識が映る

アクセス

往復＝中標津交通センター(町営バス35分、中標津町生活課☎0153-73-3111)登山口前(徒歩40分、約3km)第一登山口。バスはフリー乗降でバス停はない。下車時は運転手に「登山口前で」と伝え、乗車時は北十九号の路上で手を挙げる。または中標津市街地からタクシー約25分、約3500円(日東ハイヤー☎0153-72-3231、北都ハイヤー☎0153-72-1222)で第一登山口へ。

起点となる中標津町までは、JR釧網線標茶駅からの阿寒バス(☎0154-37-2221)、またはJR根室線釧路駅と羅臼を結ぶ同バスを利用する。

■マイカー
中標津市街地から道道69号、150号を経由して開陽台方面に向かい、突き当たりの北十九号を右折。クテクンベツ川を渡ってすぐに左折し(武佐岳登山口への標識あり)、クテクン林道を2kmほど進んで折り返すように右折。さらに1kmほど行くとトイレと広い駐車場がある第一登山口に着く。車はさらに1kmほど奥の登山口まで入れるが、駐車スペースは5、6台分と狭い。

宿泊

■緑ヶ丘森林公園キャンプ場
中標津市街と空港の間にあるキャンプ場。登山口まで約17km。開設=5月1日〜10月31日。有料。問現地☎0153-73-2191、中標津都市施設管理センター☎0153-72-0473

■中標津開陽台キャンプサイト
開陽台の展望台裏手にある。マナーを守って利用のこと。開設=4月下旬〜10月。無料。問中標津町経済振興課☎0153-73-3111

入浴

中標津市街に複数の温泉施設がある。トーヨーグランドホテル(10〜23時。大人550円。☎0153-73-1234)。中標津保養所温泉旅館(6時30分〜22時。大人500円。☎72-0368)、ホテルマルエー温泉(6〜22時。大人500円。☎73-3815)、ホテルマルエー温泉俵橋(6〜22時。500円。☎78-7888)。

2万5000分の1地形図
武佐、武佐岳

登山口の駐車場。武佐岳は右の道へ

COURSE 08

めあかんだけ 1499m

雌阿寒岳

阿寒湖畔コース登山口→雌阿寒岳（阿寒湖畔コース、往復）

山頂から中マチネシリ火口、さらに阿寒湖、雄阿寒岳を見る

　阿寒湖を挟んで雄阿寒岳と対峙する噴火警戒レベル1の活火山。山頂のポンマチネシリ火口では、轟音とともに噴気の立ち上る様子が常に見られる。

　登山道は雌阿寒温泉（野中温泉）、オンネトー、阿寒湖畔の3コースがあり、前者2本の利用者が圧倒的に多い。ここに紹介する阿寒湖畔コースは距離の長いイメージがあるようだが、所要時間は他のコースと大差なく、それでいて静かで変化に富んだ登山が味わえる穴場的な存在だ。さらにおすすめはサブコースとして紹介する白湯山（はくとう）経由のルートで、歩きごたえ、見どころの多さとも、より充実したものになるだろう。

コースタイム（往復）

標高差＝約760m
登り＝2時間40分
下り＝2時間

コース評価

体力（標高差）	40点
登山時間加算	0点 D
高山度（標高）	6点 B
険しさ	0点 D
迷いやすさ	3点 C

総合点　50点[初級]

※阿寒湖畔スキー場発着の白湯山経由の場合は、「体力50点」「登山時間加算5点 C」の計65点（中級）

左／雄阿寒岳から見た雌阿寒岳　上／メアカンキンバイで羽を休めるコヒオドシ。メアカンキンバイは雌阿寒岳で基準標本が採集された

■コースガイド（撮影＝7月下旬）

活動中の火山であり、過去何度も噴火活動に伴う入山規制が発表されている山である。事前に気象庁のホームページなどで状況を確認するとともに、入山時は登山届提出または入山名簿に記入することを忘れずに。また、異常発生時は防災サイレンが鳴るが、阿寒湖畔コースは聞こえないため、関係機関では情報収集用のラジオを携行するよう呼びかけている。

途中に水場はなく、火山ならではの照り返しも強いので、水は充分すぎるほど用意したい。

中マチネシリ火口を横目に

登山口は林道分岐のゲートで、入山ポストもここにある。右の林道に入り1kmほど進んだ先から登山道が始まる。なお現地の標柱は少々紛らわしく、先の林道分岐に「登山口」とあるいっぽう、この先の各合目標識に記された「登山口」までの距離はこの登山道入り口を起点としている。本書では便宜上、ゲートを登山口、ここを登山道入り口とした。

序盤はアカエゾマツなどの針葉樹林で、伐採の影響もあるのか比較的明るい林が広がっている。三合目の先で谷地形から左の斜面に取り付き、トラバースするように谷に沿って登ってゆく。周囲はハイマツやハクサンシャクナゲが茂

り、時折対岸の1042mピークやその山腹の白い噴気口が見える。さらに行くとザレた裸地に出て、鋭く天を突く剣ヶ峰を仰ぎ見る。このあたりはハイマツや灌木のトンネルが多いが、視界が開けるたびに違った景色が展開して楽しませてくれる。なかでも六合目付近から振り返る雄阿寒岳と阿寒湖は、アングルの関係で人工物が見えず感動を覚えるほどだ。

ハイマツ帯を抜けると剣ヶ峰の砂れきの斜面を辿るようになり、その肩越しに阿寒富士が見えてくる。高山らしい植物も姿を現し、ヒメイワタデ、メアカンキンバイ、イワブクロ、メアカンフスマ、そしてコマクサなどが見られる。

正面に馬の背のような雌阿寒岳が大きくなってくると剣ヶ峰のコルである。これからたどる稜線は右手の中マチネシリ火口の外輪にあたり、高度を上げるほどにその茫漠とした全容が見えてくる。他方、左手は根釧の大地や釧路湿原が見渡せる。そんな展望の稜線もいつしか山頂部の斜面に吸収され、滑りやすいザレ場の急斜面へと変わってゆく。このあたりはガス発生時など視界が悪いときは道を見失いやすく、特に下山時は注意したい。オンネトーからの登山道が合流すれば、山頂はすぐそこである。

山頂では荒々しいポンマチネシリ火口が目に飛び込み、思わず覗き込みたくなるが、地盤は

はじめは起伏の小さな針葉樹林

斜面に噴気口が見られる1042mピーク

コース上から見る剣ヶ峰は、名前の通りの凛々しさだ

剣ヶ峰コルから雌阿寒岳へ。視界不良時は注意

脆いので近づかないように。風向きによっては火山ガスで息苦しくなることもある。体力、時間に余裕があれば、阿寒富士を往復してもいいだろう。山頂からは雌阿寒、雄阿寒を一望できる。

■**サブコース：白湯山経由で登る**

白湯山は阿寒湖と雌阿寒岳の間に位置し、山腹は阿寒湖畔スキー場となっている。山頂への登山道はないが、ボッケと呼ばれる地熱地帯から展望台に通じる散策路があり、これとその先にある林道を利用して阿寒湖畔コースへとつなげられる。阿寒湖温泉からタクシーまたは徒歩でアクセスできるメリットもある。

コースはスキー場駐車場から向かって左のゲレンデを登り、右に大きくカーブしたあたりで標識に従って左手の探勝路に入る。途中、ドコドコと音を立てるボッケを見ながら樹林帯を抜けると立派なウッドデッキの白湯山展望台が見えてくる。雄阿寒岳と阿寒湖が絵はがきのような構図で望まれるが、振り返れば目指す雌阿寒岳は「えっ？」と思うほど遠い。

ここから遊歩道をさらに5分ほど歩くと林道に出、これを0.5km下った先の丁字路を右折。さらに林道を1.5km下ると林道分岐の登山口に着く。コースタイムは、スキー場駐車場（登り1時間10分、下り50分）白湯山展望台（行き40分、帰り45分）雌阿寒岳登山口。

上／白湯山展望台から見た雌阿寒岳方面。右の黒い三角形のシルエットが剣ヶ峰、その背後に雌阿寒岳　左／白湯山のボッケ。高温の泥火山で陥没の危険があるため、柵外から眺めるのみ

アクセス

利用できる公共交通機関はない。悪路のため、タクシーは入ってくれない可能性が高い。

阿寒湖畔スキー場から白湯山経由で入山する場合は、阿寒湖バスセンターからスキー場まで徒歩約45分、2.2km。またはタクシー約5分（阿寒ハイヤー☎0154-67-2921）。

阿寒湖温泉までは、JR根室線釧路駅発釧路空港経由の阿寒バス（☎0154-37-2224）、またはJR石北線北見駅発釧路行きの特急バス釧北号（阿寒・北見バス共同運行、要予約、☎0154-37-8651）で。

■**マイカー**

国道240号を阿寒湖温泉から足寄側方面にわずかに走り「雌阿寒登山口」の標識に従ってフレベツ白水林道に入る。未舗装路を約5.1km走ったY字型の分岐が登山口で、その手前左側に10台分ほどの駐車スペースがある。トイレ、水場はない。

阿寒湖畔スキー場から入山する場合は、スキー場下部に広い駐車場がある。トイレ、水場はない。

宿泊

■**阿寒湖温泉の宿泊施設の問合せ**

阿寒観光案内所☎0154-67-3200

国道240号からフレベツ白水林道へ。標識あり

国道240号、阿寒湖へ
登山口 Ⓟ10台程度
START&GOAL (735)
ゲート(開放)
▲0:10
0:15

ウダイ川

足寄町

·938

登山道入り口

土場跡

·1042
二合目 一合目

·1278

·1163
ハイマツ帯
五合目
四合目
(970)
三合目
0:50 0:35

剣ヶ峰
1328

六合目
0:55 0:45

アカエゾマツ林

中マチネシリ火口
剣ヶ峰コル
七合目
展望開ける

·1415

釧路市

雌阿寒温泉へ

雌阿寒岳
1499
ポンマチネシリ火口
赤沼
オンネトーへ
青沼
九合目
1339
八合目
0:40 0:30
視界不良時

·1048
·1087

·1256

阿寒富士
1476

0   500m   1km
1:45,000

阿寒富士
雌阿寒岳
1499
オンネトー

剣ヶ峰
剣ヶ峰コル
·1042
四合目

登山道入り口
登山口
(735)
START&GOAL
阿寒湖へ
白湯山
展望台へ

登山道入り口
0.8km
登山口
Ⓟ
1.5km
白湯山
0.5km
白湯山
展望台
5.1km

スキー場
Ⓟ
1.3km

240 241
足寄へ

阿寒湖畔
「雌阿寒岳」標識

阿寒湖

■阿寒湖畔キャンプ場
温泉街に近く買い物や入浴も便利。ランドリー、足湯などあり。開設=6〜9月。有料。🏠現地☎0154-67-3263、自然公園財団阿寒湖支部☎0154-67-2785

入浴
■まりも湯
阿寒湖温泉街東寄りにある温泉銭湯。9〜21時50

分。500円。☎0154-67-2305
■阿寒湖畔トレーニングセンター
温泉街の西端、阿寒湖小学校隣の体育館内にある温泉。低料金が魅力。11〜20時。260円。月曜休。☎0154-67-2162

2万5000分の1地形図
雌阿寒岳、阿寒湖(白頭山経由時)

COURSE 09 平山

ひらやま 1771m

登山口→平山→比麻良山（往復）

ニセイカウシュッペ山の大槍を背景に咲くコマクサとエゾタカネスミレ

　表大雪から層雲峡を挟んで対岸に見える北大雪の山。隣のニセイカウシュッペ山が大きな存在感を示すのに対して、名前の通りの平坦な山容は指呼されることも少なく、ともすれば尾根上のコブ程度にしか見えない。しかし、表大雪の好展望台として、また花の山としてもファンは多く人気が高い。実際に歩いてこそ良さがわかる山の典型といえよう。
　登山道は白滝の支湧別側から入るのが一般的だが、北大雪スキー場から白滝天狗岳、文三岳を経由する縦走路も拓かれている。本書では支湧別側からまずは平山に登り、その後縦走路を比麻良山まで行って戻るプランを紹介しよう。

コースタイム（日帰り）

累積標高差＝約930m
登り＝2時間35分
下り＝3時間30分

コース評価

体力(標高差)	40点
登山時間加算	5点 C
高山度(標高)	10点 A
険しさ	6点 B
迷いやすさ	3点 C

総合点　65点[中級]

※コースタイムの下りは比麻良山経由のもの。「険しさB」は雪渓が大きい時期

左／黒岳山頂から見た平山(矢印)とニセイカウシュッペ山(左)。指さされてもわかりづらいほど目立たない　右／タカネシオガマ。これを見に登る人も多い。見ごろは7月中〜下旬

■ **コースガイド**(撮影＝7月上旬)

支湧別川に沿って稜線へ

　駐車場の先に登山口まで車道が続いているが、関係者以外乗り入れ禁止の看板がある。距離も200m程度なので指示に従って歩こう。登山口には仮設トイレと入山ポストがあり、ここから支湧別川左岸につけられた登山道に入る。枝沢には鉄管の橋が架けられ、ぬかるみに丸太が敷かれるなどよく整備された道だ。20分ほど歩くとやや大きな枝沢があり、奥に高さ10mほどの行雲ノ滝が見える。ここは渡渉するが、通常時の水深は浅く飛び石も多いので登山靴のままで大丈夫。しばらくゆくと木々の間にふたつ目の滝が見えてくる。今度は本流に懸かる冷涼ノ滝で水量、幅ともに大きく涼しげだ。

　この滝を過ぎると徐々に斜度が増してくる。雪解け後の沢沿いにエゾノリュウキンカやハクセンナズナがきれいだが、足元が崩れ気味のところもあるので注意しよう。

　1425m二股まで来ると視界が開け、弟一雪渓が現れる。コマクサをはじめとする稜線の花の見ごろは7月中〜下旬だが、その時期はまだ急で長い雪渓が残りがち。早朝や寒い日は雪が硬く滑落の危険もある。軽アイゼンを携行し、不安を感じたら早めに装着したい。ルートは雪渓を横切って左股に入る。雪の解け具合によっては左岸側（向かって右側）に夏道が出ている。

　第一雪渓を登り終えてしばらくすると道は左に曲がり、ほどなく第二雪渓となる。斜度、長さとも先ほどより小さい。ここを過ぎれば稜線の1737m標高点はもう近い。その少し手前にあるチングルマやエゾノツガザクラの咲く小広場は、支湧別岳や武利岳の展望がよく、稜線の風が強い日などは休憩するのにいい場所だ。

花と展望の稜線を堪能

　稜線に出た瞬間、目前に表大雪とニセイカウシュッペ山のパノラマが広がり、思わず歓声が上がる。だが、欲を言えば手前の平山が少々ジャマだ。早くその頂まで行くとしよう。緩やかに続く尾根には名物のタカネシオガマやコマクサが咲き、道の両側をイソツツジが飾る。行き着いた山頂はハイマツの平地でピーク感はなく、展

奥行きのある駐車場。順に停めよう

斜度も長さもある第一雪渓

上／枝沢に懸かる行雲ノ滝　右／1737m標高点から平山へ。タカネシオガマが多く見られるのはこのあたり

望も期待したほどにはパッとしない。しかし、その先に続く細い踏み跡を100mほど辿ると!! 台地の縁のような場所に出て、層雲峡を隔てた表大雪とニセイカウシュッペ山が隔てるものなく眺められる。さらには東大雪の山々や遠くトムラウシ山も。まさに特上の展望台だ。

思う存分展望を楽しんだら、次は花である。平山から1737m標高点に戻り、北の比麻良山方面へと向かう。すぐにコマクサとエゾタカネスミレの群落があり足が止まる。ウスユキトウヒレンやイワヒゲも多い。道の真ん中にもコマクサの赤ちゃんが生えているので踏まないよう。緩やかに登った先は平山連山の最高点1811mピーク。俗称を比麻奈山といい、ニセイカウシュッペ山へ踏み跡が分かれている。花が目的ならこのあたりで引き返してもいいだろう。

道はピークで右に折れ、小さなコブをひとつ越える。そこからゆったりと下って再び登り返すと、岩が積み重なった比麻良山だ。目の前のニセイカウシュッペ山の凛とした姿もさることながら、天塩岳をはじめ幾重にも続く北見山地の奥深さが印象的だ。稜線上には次のピークの文三岳が近くに見えているが、まぁ適当なところで帰途につくことにしよう。

下山は往路を戻る。雪渓での滑落、踏み抜きにくれぐれも注意を。

1811mピークから比麻良山へ。右奥は支湧別方面

アクセス
往復＝JR石北線白滝駅、または遠軽行きの都市間バス白滝バス停(タクシー約40分、約5000円。予約推奨。白滝ハイヤー☎0158-48-2028)登山口。

マイカー
旭川紋別自動車道奥白滝ICまたは国道333号から北大雪スキー場を経由して上支湧別に出る。そこから支湧別川に沿って道道558号、さらにその奥の林道を進むと右手に広い駐車場がある。上支湧別から約12km、林道状況は概ね良好。

宿泊
文化村ロッジ
北大雪スキー場前にある宿泊施設。要予約。☎0158-48-2762

白滝高原キャンプ場
奥白滝ICと北大雪スキー場の間にある。温水シャワー、五右衛門風呂あり。開設＝5～10月。有料。問遠軽町白滝総合支所産業課☎0158-48-2212

入浴
マウレ山荘
丸瀬布地区の温泉ホテル。登山口からはここが最寄りだが約50kmあり、札幌方面からは逆方向になる。12～21時。大人600円。☎0158-47-2170
※2018年7月12日まで改装工事中。

2万5000分の1地形図
平山

平山山頂先の展望ポイントから

COURSE 10 | 表大雪 1 あさひだけ 2291m
旭岳

姿見駅→旭岳→裾合平→姿見駅

裾合平のチングルマ。これを見るだけでも行く価値はある。背景は旭岳(右)と熊ヶ岳

　北海道の最高峰であり、表大雪で唯一の活火山。コニーデ型の端正な山容は、山麓の旭川方面からもひとめで認めることができる。標高1600mまでロープウェイで登れることから、道内外はもとより海外からの登山者、観光客も多い。ピークハンターの多くは姿見駅から山頂を往復するが、それでは大雪山の大きさ、国内屈指の高山植物群に触れるには少々物足りない。たとえ日帰りでも、御鉢平、裾合平と周回で巡れば多様な表情をうかがい知ることができる。ただし、気象条件は本州の3000m級の山と同等であり、視界不良時の道迷い遭難も後を絶たない。装備を整え、心して出かけてほしい。

コースタイム(日帰り)
累積標高差 = 約900m
登り = 2時間
下り = 4時間30分

コース評価
体力(標高差)……………… 40点
登山時間加算……………… 0点 D
高山度(標高)……………… 10点 A
険しさ……………………… 0点 D
迷いやすさ………………… 3点 C

総合点　55点[中級]

※コースタイムの下りは裾合平経由のもの

左／美瑛の丘から見た5月下旬の旭岳　上／姿見駅近くのチングルマ。満開、散りかけ、綿毛が織りなすグラデーションが美しい

■ **コースガイド**（撮影＝7月中旬）

岩れきの道を旭岳へ

　ロープウェイはなるべく早い便に乗ろう。姿見駅を出たら遊歩道を右へ。すぐに旭岳温泉からの登山道が合流し、早くもチングルマやエゾノツガザクラのお花畑が広がり始める。一段上ると姿見ノ池で、音を立てて噴気を上げる旭岳を投影している。噴気口を間近に見たかったら、湖畔を時計回りにたどってみよう。池の傍らには姿見ノ池避難小屋、通称旭岳石室があるが、緊急時以外は宿泊禁止となっている。

　ここから周囲の景色は一変し、単調な岩れきの斜面を黙々と登ることになる。お花畑もなく、足元に生えているのはマルバシモツケくらい。もっとも登るほどに展望が開け、十勝連峰、次いで化雲岳越しにトムラウシ山が姿を見せる。振り返ると地獄谷沿いの無機質な景色の中に点々と登山者が続き、ふと芥川龍之介の『蜘蛛の糸』が脳裏に浮かんだりする。

　踏み跡は明瞭だが、所によって何本も錯綜し、これがときに紛らわしさとなる。旭岳では毎年のように道迷い遭難が起きるが、そのほとんどは視界不良時の下山で起きている。自分ではまっすぐ下っているつもりが、いつしか左の忠別川方面に入ってしまうのだ。天候不良などで旭岳から引き返すケースもあると思うが、地形を念頭におき、踏み跡を外れないよう注意したい。

　標高2100mを過ぎ、岩稜帯が出てくると道はその右を沿うようになる。大きな真四角のニセ金庫岩が現れ、次いでS字を描くようにカーブして本当の金庫岩がある。2つの岩の違いは晴天時なら明白だが、視界不良時は間違えやすく、かつては道迷いの多発地点だった。現在はルートを誤らないようロープが張られている。ここまで来たらあとは目の前の短い斜面を登るだけ。北海道のてっぺんに到着である。

　登っている間は旭岳の影に隠れていた黒岳、北鎮岳、熊ヶ岳など表大雪の山をはじめ、北大雪や遠く阿寒の山まで見渡せる。

裾合平を回って姿見駅へ

　山頂を後に東斜面を下る。見通しの悪いときはコンパスなどで方向を確認し、下り口を間違えないように。早い時期は大きな雪渓、解ければ滑りやすい砂れきとなる急斜面はスリップやルートの見失いに注意したい。下りきったところが裏旭キャンプ指定地で、水は雪渓からの雪解け水を利用できる。ここから熊ヶ岳の山腹を斜上して火口壁上に出る。チングルマやエゾノツ

姿見ノ池と旭岳。池にはまだ残雪が

旭岳の登りから姿見方面を振り返る

十勝連峰（右）とトムラウシ山（左）を遠望。小化雲岳のうなぎ雪渓もくっきり

ガザクラ、アオノツガザクラが群落を作り、エゾタカネスミレ、イワヒゲなども多い。

間宮岳で丁字の突き当たりとなり、これを中岳方面に左折する。イワギキョウやイワブクロ、コマクサの咲く道を下るにつれ、右に御鉢平の威容が開けてくる。有毒ガスが噴出し、生命の気配を感じない荒涼とした場所だ。

コルとなった中岳分岐でお鉢の縁と別れ中岳温泉方面に下る。正面に当麻岳や大塚・小塚、裾合平と見晴らしのいい尾根歩きである。やがてゴルジュ状の谷を左に見るとハイマツ帯となり、大きく折り返しながらその壁を下って、硫黄臭漂う中岳温泉に降り立つ。温泉といっても設備は皆無、沢沿いの野湯である。熱く濃厚な源泉はまさに身体にしみ入る感覚だが、気になるのは周囲の視線か――。

温泉から沢に沿って下りてゆくと木道が現れ、裾合平へと入ってゆく。両側見渡す限りのお花畑となっていて、なかでも圧巻なのはチングルマだ。視界いっぱいに咲き誇る様子は日本一といっても過言ではなく、期間限定ながら本コース最大の見どころである。見ごろは例年7月中旬。ただし雪解けのペースによって前後し、また意外と期間も短いのでドンピシャで当てるのはなかなか難しい。そのほかエゾコザクラ、キバナシャクナゲ、ツガザクラ類もみごと。撮影に夢中になって木道から外れたり、木道上でランチタイムを決め込む人もいるがマナーは守ろう。休憩はこの先の裾合分岐にベンチがある。

裾合分岐からは旭岳の山裾を巻くように姿見駅に戻る。何本もの沢地形を横切るので小さいながらもアップダウンが続く。ここもチングルマにエゾノツガザクラ、キバナシャクナゲと見事なお花畑が連続し、また旭岳に浮かぶ雪渓模様も面白い。最後まで飽きることのない周遊コースなのである。

旭岳東斜面には広い雪渓が残る

大雪山の中央火口と呼ばれ、太古はカルデラ湖だったという御鉢平

上／中岳温泉。足湯を楽しむ人が多いが、勇気を出して浸かってみるのも一興　右／旭岳を見ながら姿見駅へ。7月中は何箇所も雪渓を横切る

アクセス
往復＝JR函館線旭川駅（旭川電気軌道バス「いで湯号」1時間26分、☎0166-23-3355）旭岳温泉（旭岳ロープウェイ10分、☎0166-68-9111）姿見駅。旭川空港からはタクシーで約50分、約8300円（ちどりハイヤー☎0166-83-2645、東交ハイヤー☎0166-82-2530）。

■ マイカー
道央自動車道旭川北ICから道道37号、1160号を経由し、約51kmで旭岳温泉。ロープウェイ駅前に有料駐車場、100mほど手前に無料公共駐車場がある。

宿泊
■ 旭岳温泉周辺の宿泊施設の問合せ
ひがしかわ観光協会☎0166-82-3761

■ 旭岳青少年野営場
旭岳温泉街なかほどにあるキャンプ場。開設＝6月中旬〜9月下旬。有料。問現地☎0166-97-2544、東川町産業振興課☎0166-82-2111

入浴
旭岳温泉の宿泊施設で可能。ホテルベアモンテ（12時30分〜19時。大人1080円。☎0166-97-2321）、大雪山白樺荘（13〜20時。大人800円。☎0166-97-2246）、ラビスタ大雪山（14〜18時。1500円。☎0166-97-2323）、湯元湧駒荘（12〜20時。800円。☎0166-97-2101）

2万5000分の1地形図
旭岳、愛山渓温泉

早朝便は混雑する。確実に乗るには早めに並ぼう

COURSE 11

表大雪 2 あかだけ 2079m・はくうんだけ 2230m・くろだけ 1984m
赤岳・白雲岳・黒岳

銀泉台→赤岳→白雲岳→黒岳→層雲峡温泉

白雲岳山頂から後旭岳の雪渓模様を見る。例年7月中〜下旬が見ごろ

標高1500mまで車で入れる銀泉台は、表大雪の最もメジャーな登山口のひとつ。そこから3時間足らずで登れる赤岳は、お花畑に雪渓、展望、あるいは秋の紅葉と大雪山の魅力を凝縮したような山で、家族連れから常連まで幅広く人気がある。白雲岳は表大雪第3位の標高があり、後旭岳の雪渓模様や高根ヶ原方面の展望がみごとだ。この2座から黒岳への縦走は表大雪のまっただ中を闊歩し、また層雲峡温泉を起点に公共交通が使えることもあって定番コースとなっている。行程的には充分日帰りが可能だが、道草したくなる要素も多い。白雲岳や黒岳に1泊しながらのんびり歩くのもいいだろう。

コースタイム(日帰り)

累積標高差＝約1040m
登り＝4時間10分
下り＝4時間

コース評価

体力(標高差)	40点
登山時間加算	10点 B
高山度(標高)	10点 A
険しさ	3点 C
迷いやすさ	3点 C

総合点　65点[中級]

※コースタイムの登り下りは白雲岳を区切りとしたもの

左／黒岳から見た赤岳(左)と白雲岳。中央の鋭鋒は烏帽子岳　上／大雪山の固有種クモイリンドウ。白雲岳付近で8月中〜下旬に見られる

■ **コースガイド**(撮影=7月下旬、8月下旬)

銀泉台から赤岳へ

　銀泉台は広い駐車場にトイレ、水量豊富な水場、森林パトロール事務所などがあり、落ち着いて登山準備が整えられる。出発してしばらく続くつづら折りの林道は、かつて計画された観光自動車道路の名残。これから歩く赤岳、白雲岳、北海岳などを経て旭岳温泉へと抜ける予定だったが、自然保護団体や国民の反対運動で中止された。その終点から登山道に入り、まずは大きな斜面を横切るように登ってゆく。標高はすでに1500mを越えており、ウラジロナナカマドやウコンウツギの灌木帯となっている。秋にはみごとな紅葉の斜面となり、登山者と観光客で大賑わいとなるところだ。

　その斜面の中ほどまでくると草原状のお花畑である第一花園となる。チングルマやエゾコザクラ、エゾノツガザクラをはじめ多くの花が咲く。ただし7月中はまだ急で大きな雪渓が残り、その上をトラバースする。ステップはしっかりしているが、慣れない人は怖いかもしれない。お花畑が終わったあたりにダケカンバが涼しげな日陰をつくる休憩スペースがあり、眺めの良さも手伝って多くの人が一息入れている。

　林を抜けて平坦な場所に出たのち、緩やかな斜面を登ってゆく。ここが第二花園でやはり早い時期は雪渓、解けたところから順次花が咲き始める。背後には石狩岳やニペソツ山などの東大雪、武利岳(むりい)などの北大雪、さらに右横にはニセイカウシュッペ山が見渡せる。赤岳まではこうして斜面と平坦地を交互に繰り返しながら高度を上げてゆく。適度なリズム感と次は何が現れるかという期待感に包まれた道のりだ。

　第二花園から一段上がった平地は駒草平。砂れきと岩が枯山水のような趣を醸すなか、大小多くのコマクサが可憐な花を咲かせている。一時は盗掘で激減したが、だいぶ復活してきた。その先でいったん緩く下ったのち、第三雪渓の登りに差しかかる。標高差は100mあまりだが、ここまで小刻みな登りが多かっただけに少々息が上がるところだ。登山道は雪渓左側にあり、7月上～中旬はまだ雪に埋まっている。雪渓尻では水が得られる。秋は紅葉の名所である。

　これを登りきるとまたも平地となり、足元はチングルマやウラシマツツジなどカーペット状植物が目立って高山の雰囲気が増してくる。視線の先には第四雪渓とその右に登山道が見えてい

大雪湖に広がる雲海。銀泉台から

登山届けはパトロール事務所で

雪の消えた第三雪渓を登る。白く咲くのはタカネトウウチソウ

赤岳山頂から表大雪の展望。左奥が旭岳

るが、第三雪渓に比べれば標高差は小さい。これを登れば岩が積み重なった赤岳の頂上が見えてくる。三角点は200mほど北にあるが特に道があるわけでもなく、標高的にも地形的にもこの岩場が実質的な頂上である。

赤岳からは主峰旭岳をはじめ、白雲岳、北鎮岳、稜雲岳、黒岳など表大雪の主な山がずらりと眺められ、そのパノラマに目を見張る。大雪山のキャッチコピーのように引用される文人・大町桂月の名言「富士山に登って、山岳の高さを語れ。大雪山に登って、山岳の大さを語れ」を実感する一瞬だ。

小泉岳を越え白雲岳へ

赤岳で進路を南に変え、岩れきの平坦な尾根をたどってゆく。赤岳で引き返す登山者も多く、ここから白雲分岐まではしばし静けさに包まれた道だ。7月上旬には大雪山の固有種であるホソバウルップソウ、8月中旬からは同じく固有種のクモイリンドウが見られる。ただ、悪天候時は遮るものが何もなく、また方向を見失うと目標物にも乏しいので注意しよう。

道が大きく右にカーブし、スカイラインの向こうからトムラウシ山の特徴的なピークが見えてくると小泉岳。平たい山でどこが山頂かわかりにくいが、分岐を緑岳方面に少し行ったところに標柱が立っている。分岐をそのまま直進し緩く下っていけば主脈縦走路と交わる白雲分岐である。ベンチが置かれ、ハイカーから長期縦走者まで多くの登山者が行き交っている。

白雲岳へは岩が重なったなだらかな尾根を登ってゆく。花に気を取られたりガスに包まれるとルートを外れやすいので、ペンキ印を確認しながら行こう。前方に見える鞍部状のところを越えると、グラウンドのように広い火口原が現れ、道はその右端を辿る。ここは例年5月中〜下旬の限られた期間のみ、雪解け水による「幻の湖」が見られるところである。もっともその時期の大雪山は「夏山」と呼ぶにはまだ早いけれど——。代わりに7月に入るとチングルマやエゾノツガザ

白雲岳から高根ヶ原、トムラウシ山（右奥）方面を望む

チングルマやエゾノツガザクラが群落をつくる白雲岳の火口原

クラの群落が迎えてくれる。

　山頂は火口原の最奥から急な岩れき帯をよじ登る。表大雪の中心に岬のように突き出した場所だから展望はすばらしい。なかでも後旭岳から北海岳の斜面に現れる雪渓の縞模様は、夏の表大雪を代表する景色のひとつだ。また、広大な溶岩台地・高根ヶ原から忠別岳、トムラウシ山へと続く広がりも見もの。耳を澄ませばナキウサギのチッチッという声が聞こえ、運がよければその愛らしい姿に会えるかもしれない。

北海岳を経て黒岳へ

　さて、白雲岳で1泊する場合は白雲分岐を南に下る。避難小屋までの間もキバナシャクナゲやチングルマなど見応えあるお花畑だ。

　黒岳方面へは分岐を北に入り、白雲岳の山裾を巻くように緩く下ってゆく。途中、花ノ沢源頭部を横切るところは蛍光グリーンのコケと岩、残雪、さらにエゾコザクラやミヤマリンドウなど色とりどりの花が咲いて小庭園の趣だ。

　ほどなく山裾を離れて北海平と呼ばれる広い尾根上を辿る。いかにも大雪山らしい大らかなところであるが、視界が悪い時は注意しよう。徐々に斜度が増して来ると北海岳の頂上。御鉢平のカルデラとどっしりした北鎮岳が視界に飛び込み、ここでも思わず歓声が上がる。

　黒岳石室へは御鉢平を反時計回り、時計回りのどちらでも行ける。ここでは日帰りを想定して所要時間の短い反時計回りで直接向かう。時計回りの場合は石室まで3時間強程度を見ておこう。

　北海岳からまずは尾根上を下り、次第に左の斜面に入ってゆく。クジャク岩と呼ばれる岩壁の下で向きを変え、支尾根上を辿りながら北海沢へと下る。このあたりも夏の花、秋の紅葉ともにきれいなところで、沢の対岸には秋でも大きな雪渓が残る。その沢沿いに右岸をしばらく行ったのち、これを渡る。ハイマツのトンネルで低い尾根を乗り越えると今度は御鉢平から流れ下る赤石川。2つの川はどちらも飛び石や足場があるが、増水時には少し手こずるかもしれない。なお、赤石川の水は飲用に適さない。

　黒岳石室までの緩い登りは美ヶ原とも呼ばれ、雪田が解けたところからエゾコザクラ、チングルマ、エゾノツガザクラなどが奥行きのある群落を作る。背景にひかえる凌雲岳や北鎮岳とともに絵になる場所だ。その先の短いハイマツ帯を抜ければ黒岳石室の十字路で、小屋前のベンチは休憩をとる多くの登山者で賑わっている。石室については次コースも参照されたい。

北海岳から黒岳石室へ。中央が黒岳、背後がニセイカウシュッペ山

山上とは思えない流れの赤石川

マネキ岩を見ながら七合目リフト駅へ

フィナーレは黒岳を越えてリフト山頂駅のある黒岳七合目まで。石室を後にしばし平坦な道を歩いたのち、岩が累積した斜面をひと登り。いったん斜度が緩み、そこからもうひと登りで黒岳頂上だ。赤岳から白雲岳へと続く稜線、そして北海岳から北海沢へとぐるり歩いてきた行程を一望すれば——自動車道路やロープウェイのおかげとはいえ——これほどの山並みとお花畑を1日で楽しませてくれる大雪山の懐深さに感謝せずにはいられないだろう。足元には深く落ち込む黒岳沢が大迫力だが、山頂の北側はスッパリと切れ落ちているので、決してロープの外には出ないように。

山頂を後に七合目のリフト駅へ向かってつづら折りの山道を下る。ここも花は多く垂直分布の変化も見られる。八合目の標柱付近で樹林

チングルマの紅葉もまたみごと。見ごろは9月中〜下旬

帯に入るとゴールは近い。リフト乗車前に森林パトロール事務所で下山届を書いていこう。なお、層雲峡まで歩いて下山することもできる。所要時間は七合目−五合目間（リフト区間）が50分、五合目−層雲峡間（ロープウェイ区間）が1時間20分程度だ。

アクセス
■行き＝JR函館線旭川駅（道北バス1時間55分、☎0166-23-4161）層雲峡温泉（赤岳登山バス1時間、☎01658-5-3321）銀泉台。または層雲峡から銀泉台までタクシー約30分、約9500円（層雲峡観光ハイヤー☎01658-5-3321）
帰り＝黒岳七合目（大雪山層雲峡・黒岳ロープウェイ、リフト約30分、☎01658-5-3031）層雲峡温泉（道北バス1時間55分）JR旭川駅
■マイカー
下山口の層雲峡温泉、または入山口の銀泉台に駐車し、上記登山バス等で移動・回収する。層雲峡温泉へは旭川紋別道上川層雲峡ICから国道39号を北見方面に約22km。温泉街数箇所に無料公共駐車場がある。銀泉台へはさらに国道39号を走り、国道273号、道道1162号（未舗装）を経由して約27km。広い駐車場あり。なお、道道1162号は9月中旬の紅葉シーズンにマイカー規制が実施される。その間は層雲峡温泉に駐車して登山バスに乗るか、大雪湖畔の大雪レイクサイト臨時駐車場からシャトルバスに乗り換える。

宿泊
■層雲峡温泉の宿泊施設の問合せ
層雲峡観光協会☎01658-2-1811
■層雲峡オートキャンプ場
層雲峡から旭川寄りに約6.6km、陸万バス停近く。ランドリー、シャワーあり。開設＝6月中旬〜9月下旬。有料。問現地☎01658-5-3368、上川町産業経済課☎01658-2-4058
■層雲峡野営場
層雲峡温泉から約1km石北峠寄り。開設＝7〜9月。無料。問層雲峡観光協会☎01658-2-1811
■黒岳石室、キャンプ指定地
1923年建設、当時の石組みを今も残す歴史ある山小屋。6月下旬〜9月下旬管理人常駐（期間外開放）。100人収容。素泊り2000円。有料貸しシュラフ、カップ麺等販売する売店あり。隣接するキャンプ指定地は協力金1人500円。バイオトイレ200円（チップ制）。問黒岳ロープウェイ☎01658-5-3031
■白雲岳避難小屋、キャンプ指定地
白雲分岐から20分ほど下る。6月下旬〜9月下旬は管理人常駐。寝具、食料は持参。60人収容。協力金1000円。キャンプ指定地は協力金1人300円。問上川町役場産業経済課☎01658-2-4058

入浴
■黒岳の湯
層雲峡温泉街にある立ち寄り湯。10〜21時30分。大人600円。☎01658-5-3333
そのほか、層雲峡温泉の大半の宿で入浴可能。

2万5000分の1地形図
白雲岳、層雲峡

層雲峡温泉へ

黒岳ペアリフト

GOAL

黒岳七合目
(1520)

八合目

転落注意

0:50
1:20

凌雲岳
2125

桂月岳
1938

黒岳石室

黒岳
1984

0:15 0:20

キャンプ指定地

お花畑

赤石川

上川町

雲ノ平

北鎮岳へ

渡渉。増水時注意

北海沢

1:40 1:10

烏帽子岳
2072

花ノ沢

国道273号・層雲峡へ

好展望

北海岳
2149

悪天時・
視界不良時注意

五色岳
2038

北海平

間宮岳へ

1:10

東川町

赤岳
2079

第四雪渓

東平

第三雪渓

1:00 0:40

駒草平

奥ノ平

第二花園

第一花園

1:50 1:10

(1162)

START

銀泉台
(1490)

WC

P

悪天時注意

小泉岳分岐

白雲分岐

0:30 0:20

0:10

小泉岳
2158

0:20

東岳
2067

コケと花の小庭園

0:40 0:30

大展望

白雲岳
2230

お花畑 0:30
0:20

キャンプ指定地
白雲岳避難小屋

WC

美瑛町

高根ヶ原へ

緑岳へ

500m   1km

1:50,000

旭岳

間宮岳

北鎮岳

凌雲岳

白雲岳
2230

御鉢平

北海岳

赤石川

GOAL →

黒岳へ

白雲分岐

小泉岳

赤岳 2079

緑岳

第二雪渓

駒草平

大雪高原温泉へ

第一花園

ホロカイシカリ川

層雲峡温泉へ

銀泉台

START (1490)

COURSE 12 表大雪3 黒岳・北鎮岳・沼ノ平

くろだけ 1984m・ほくちんだけ 2244m・ぬまのたいら

層雲峡温泉→黒岳→黒岳石室(泊)→北鎮岳→当麻岳→沼ノ平→愛山渓温泉

動物たちが遊ぶかのような北鎮岳の雪渓模様。花はイワブクロ。黒岳から

　道内第2位の高さと抽象画のような雪渓模様で知られる北鎮岳。ここから比布岳、安足間岳と続く稜線は表大雪の北端にあたり山麓の愛別町方面からよく眺められる。ロープウェイから遠いこともあり、比較的静かな山歩きができるのが魅力だ。沼ノ平はその西にある大規模な高層湿原で大小いくつもの湖沼が散らばっている。さらに一座だけ離れた愛別岳も気になる存在だ。

　黒岳からこれらの山や湿原を辿って愛山渓温泉に下ってみよう。花や景色はもちろん、随所で表大雪の意外な一面を見ることができるはず。

コースタイム(1泊2日)

累積標高差＝約1000m
1日目＝1時間35分
2日目＝7時間30分

コース評価

体力(標高差) ……… 35点
登山時間加算 ……… 10点 B
高山度(標高) ……… 10点 A
険しさ ……………… 3点 C
迷いやすさ ………… 3点 C

総合点　60点[中級]

※愛別岳も往復する場合は「体力40点」「登山時間加算15点 A」「険しさ・迷いやすさ各6点 B」の計75点(上級)

ニセイカウシュッペ山から見る本コースの山々。左端が黒岳、中央が北鎮岳、右の茶色く見える所が比布岳～安足間岳で、右端が愛別岳

■ **コースガイド**(撮影＝7月下旬)

このコースは所要時間だけを見ると日帰りができそうだが、スタート時刻がロープウェイ始発に制約されるため少々あわただしい。おすすめは黒岳石室を利用しての1泊2日行程で、これなら2日目は早朝出発も可能となる。サブコースの愛別岳も登るならなおさらだろう。

黒岳石室へ

初日は黒岳石室まで。ロープウェイとリフトを使うと歩くのは1時間半程度。昼の便に乗っても余裕はあるが、夕立や雷のリスクを考えると早めに行動することをおすすめしたい。黒岳周辺は花も展望もすばらしく、時間を持て余すようなことはないはずだ。

リフト終点はすでに七合目、標高1500mを越えている。森林パトロール事務所で入山届けを書いて出発しよう。黒岳まではひたすら急斜面に開かれたジグザグ道である。足元は石や丸太で整備され歩きやすい。登山者に混じって観光客も多く、ときに数珠つなぎになるほどだ。

八合目の標柱前後からチシマノキンバイソウやチシマフウロ、ダイセツトリカブトなど高山の植物が姿を見せ始める。疎らになったダケカンバ林から視界が開け、層雲峡を挟んでニセイカウシュッペ山やそこから続く平山が大きい。やがてこけしのようなマネキ岩が見えてきて、これとほぼ対等の高さまで登ると黒岳はほど近い。

ポンッと頂上に飛び出した瞬間の感動は特筆ものだ。視界に入りきらないスケールで表大雪の山々が広がりを見せるのである。山脈でも山並みでもない。溶岩台地と円頂丘が織りなす独特の景観は、これぞ大雪山というべきもの。そして足元にはエゾツツジ、チシマツガザクラ、サマニヨモギ、ウスユキトウヒレン……。次々と目移りして時の経つのを忘れるほどだ。我に返ったら眼下に見える石室へ下ろう。

黒岳石室はその歴史を1923年にまでさかのぼる。今も基本は当時の石積みのままで、中に入ると天守閣の地階のような雰囲気がある。一応、営業小屋という位置づけになっているが食事提供はなく、管理人常駐の素泊り小屋といったところ。夕暮れ、星空、そして桂月岳でのご来光と、山上の1泊を楽しもう。

北鎮岳を越えて安足間岳へ

2日目はなるべく早立ちをしたい。小屋前の十字路を北鎮岳方面に入り平坦な道をゆく。一帯は雲ノ平といい、チングルマやツガザクラ類が赤石川に向かって大きな群落をつくる。コマクサ

雲ノ平からお花畑越しに赤石川を遠望する

北鎮分岐手前の雪渓。雪が硬いときは気をつけて。背後は凌雲岳(左)と黒岳

やイワブクロ、チシマツガザクラなども多い。ハイマツ帯とお花畑を交互に抜け、緩く登った先が2020m標高点の御鉢平展望台。他の展望地より低い位置から眺められるここは、巨大な円形劇場の舞台に立ったような感覚だ。

道は右に折れお鉢の縁に沿って登ってゆく。途中、右手足元に出てくる沢では水を得られる。ここから勾配が増し、すぐに遅くまで残る大きな雪渓に行き当たる。ルートはベンガラで記されているが斜度があり、雪の硬いときは滑落などに注意したい。これを通過し終えるとほどなく北鎮分岐である。北鎮岳へは右に入り、ザレ場の斜面を細かくジグザグを切りながら登る。大きな山だが分岐からの標高差は100mほどで意外とあっさり山頂に着く。道内2番目の高峰だけに眺めは申し分ない。昭和16年と刻まれた風格ある展望盤と見比べながら山座同定を楽しんでみよう。

比布岳方面へは向かって右斜め後ろに折り返すように下り始める。鋸岳へ続く尾根を左に大きくカーブしながら下り、そのまま山頂下の急なハイマツ斜面をトラバースしてゆく。見上げる稜線は尖った岩が整然と並び、文字通り鋸かサメの歯かといった様相だ。斜面を抜けた先は比布岳との鞍部で、ここからの登りもまた花が見事なところ。北鎮岳や中岳、あるいはニセイカシュッペ山をバックにチングルマ、エゾノツガザクラ、キバナシャクナゲなどが咲き誇る。この稜線は登山者も少なめで、楽園を独り占めした気分だ。ただ登山道と踏み跡、雨裂が錯綜し、視界が悪い日は少し紛らわしい。

比布岳の山頂に立つとこれまでと様子が一変し、赤茶けた地肌がむき出しになった細い稜線が目に入る。道はその左側をたどり、見た目ほどの怖さはないが、踏み外せば転がり落ちる程度の斜度はある。特に愛別岳分岐から安足間岳までは気を抜かずに進もう。

当麻岳から沼ノ平へ

安足間岳は当麻岳・沼ノ平方面と永山岳方面の分岐点。天候や疲労などで下山を急ぐ場合は、永山岳経由の道をとるといい。

細長い頂上の端から当麻岳に向けて広い尾根を下っていく。左に裾合平を挟んで旭岳、右に永山岳の尾根がともに大きく、足元にはチングルマが咲き乱れる。視界不良時はコースを見失わないよう注意しよう。

次第に細く険しい岩尾根となり、道は主にその左斜面を辿るようになる。2、3紛らわしい踏み跡もあるが、ロープ等で導かれる。最後の大きな岩峰を乗り越えたところで前方が開け、沼ノ平

比布岳東面のお花畑。人も少なく楽園のようだ

比布岳から安足間岳への稜線

の湖沼群を俯瞰する。ここは特に紅葉時の眺めがすばらしい。急な下りで一気に高度を下げ、左にカーブして当麻乗越へ。ハイマツと白い岩が日本庭園のような趣を見せるが、このあたりも広い地形と雨裂で迷いやすい。

当麻乗越で姿見方面の道と別れ、沼ノ平方面に下る。ぬかるんで滑りやすいことが多いので慎重に。周囲はハイマツ帯だが随所で沼ノ平の展望が広がる。やがてササ原に入ってジグザグに下れば六ノ沼のほとりに出る。木道で湖畔を巡り、その先で一段下がって五ノ沼と半月ノ沼。高い所から俯瞰した景色はもちろん、近くからでも期待を裏切らないいいところだ。

湖畔を離れて木道が終わると石ゴロゴロのぬかるんだ道になる。沼ノ平分岐で三十三曲坂経由の道に入るが、イズミノ沢経由の道をとっても時間に大差はない。職人技ともいうべき道普請が施された急なつづら折りを下りて三十三曲分岐に出たら、ひしゃげた鉄橋で沢を渡る。そこから傾斜の緩いしっとりした森をゆけば愛山渓温泉に着く。

■ サブコース：愛別岳

細くザレた吊り尾根で派生する愛別岳は、見た目通りの険しい道。目印や鎖などはなく悪天時や初心者のみの登山はひかえたい。

愛別岳の鞍部をゆく。背後の比布岳の稜線から途中2箇所の岩場を通って下ってくる。滑落はもちろん、落石にも注意しよう

分岐点は比布岳と安足間岳のほぼ中間。薄い踏み跡に沿って急斜面のザレ場を下り岩場を2箇所通過する。逆層気味で砂利が浮き、足元は谷に向かって切れ落ちる何とも嫌らしい場所だ。ここが前半の核心部。

小さく起伏しながら白い火山灰の鞍部を過ぎ、後半の核心部である愛別岳の登りに取り付く。岩れきの急斜面は概ね稜線の右を行くが不明瞭なところもあり、的確な判断が求められる。特に下山時は左の谷に迷い込みそうな踏み跡が2、3あるので、登りながらも時々確認しよう。山頂は意外と広く、ようやく緊張感から解放される。正面に迫力ある稜線北斜面、その右肩越しに沼ノ平や十勝連峰、振り返ればニセイカウシュッペ山や下界の眺めがいい。帰路は往路を戻るが、最後まで気を緩めないように。

当麻岳から見る旭岳。紅葉時もみごと

当麻乗越周辺は石庭のよう

ワタスゲ揺れる沼ノ平の六ノ沼

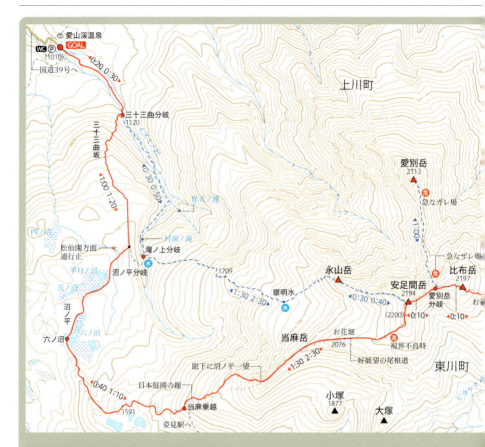

アクセス

行き＝JR函館線旭川駅（道北バス1時間55分、☎0166-23-4161）層雲峡温泉（大雪山層雲峡・黒岳ロープウェイ、リフト約30分、☎01658-5-3031）黒岳七合目

帰り＝愛山渓温泉（タクシー約40分、約7000円。層雲峡観光ハイヤー☎01658-2-1181）JR石北線上川駅

■マイカー

入山口の層雲峡温泉、または下山口の愛山渓温泉に駐車し、上記交通機関で移動・回収する。層雲峡へは旭川紋別道上川層雲峡ICから国道39号を約22km。温泉街数箇所とロープウェイ駅に無料公共駐車場あり。愛山渓温泉へは旭川紋別道愛山上川ICから国道39号、道道223号を経由し約22km。全線舗装だが後半は幅員狭い。愛山渓温泉前に無料駐車場あり。

宿泊・入浴

■黒岳石室、キャンプ指定地。層雲峡温泉の宿

P60を参照のこと。

■愛山渓温泉

下山口にある一軒宿。食事付きの愛山渓倶楽部と素泊りの愛山渓ヒュッテからなる。営業＝5月上旬〜10月中旬。日帰り入浴は10〜20時。大人600円。☎01658-9-4525

2万5000分の1地形図

層雲峡、愛山渓温泉

通路はタタキ、壁は石組み。歴史を感じる黒岳石室内部

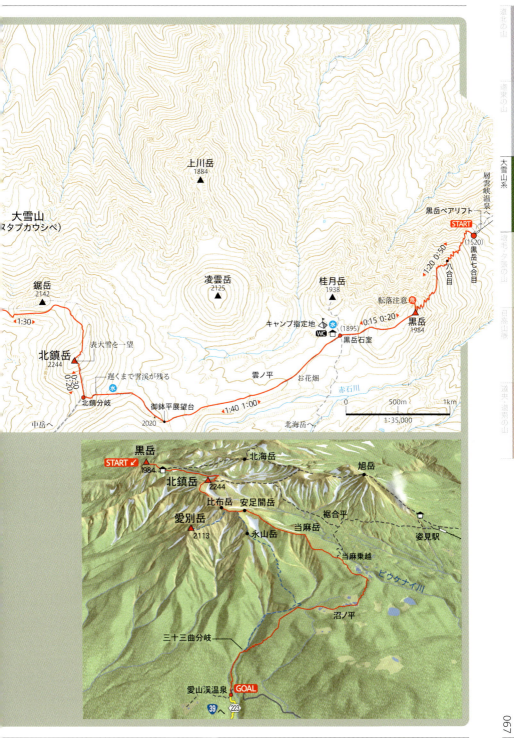

COURSE 13 表大雪 4 とむらうしやま 2141m
トムラウシ山

トムラウシ温泉→トムラウシ山（往復）

トムラウシ公園越しに山頂を見る。花も紅葉もきれいなところ

　表大雪と十勝連峰のほぼ中間に位置し、大雪山系のなかでもっとも奥深い山。大雪山の奥座敷、盟主などとも呼ばれ、どっしりとした山体と王冠のような山頂部が、遠目にも近くでも大きな存在感を示す。大雪山系のなかでは独立している感もあるが、ここまでを表大雪に含むことが多い。

　山頂へは南北に貫く縦走路を辿るほか、新得側のトムラウシ温泉、美瑛側の俵真布林道から道がある。真の魅力は縦走してこそではあるが、それなりに敷居も高い。多くの人は新得側、それも短縮登山口からの往復だ。"盟主"に敬意を払い、充実感を味わいたければぜひ温泉スタートで挑戦を。

コースタイム（日帰り）
累積標高差＝約1870m
登り＝6時間30分
下り＝4時間50分

コース評価
体力（標高差）　　　　55点
登山時間加算　　　　10点 B
高山度（標高）　　　　10点 A
険しさ　　　　　　　 3点 C
迷いやすさ　　　　　 6点 B

総合点　85点[上級]

※短縮コースの場合は「体力50点」の計80点（上級）

美瑛の丘から遠望する5月下旬のトムラウシ山。山深いために一見目立ちにくいが、周囲の山と比べるとその大きさが伝わってくる

■ コースガイド（撮影＝8月下旬）

近年、トムラウシ山では南沼キャンプ指定地周辺の環境悪化、とりわけトイレ問題が深刻化している。本コースの往復はできるだけ日帰り登山とし、またその場合でも必ず携帯トイレを携行、使用するよう心がけたい。

トムラウシ温泉をあとに

登山口は公共駐車場の向かい、噴泉塔の横にある。出発してすぐに短縮登山口に通じる林道を横切る。そこから急な斜面を標高差200mほど頑張ると、平坦になって広い尾根上を行くようになる。周囲は落ち着いた雰囲気の針葉樹林で道の状況も良好だ。947m、1008m標高点を緩く起伏しながら越えると短縮コースと合流する。なお、短縮登山口からこの分岐までは緩い笹の刈り分け道を20分ほどだ。

分岐からは顕著な尾根上を辿る。ダケカンバが増え、傾斜が緩むとカムイ天上。木々に阻まれて展望は今ひとつだが、前トムラウシ山の大きなピークの左奥に、目指すトムラウシ山が顔を覗かせている。

廃道となった旧道分岐を過ぎ、広い台地状の尾根に入ってゆく。前方には十勝連峰の展望。富良野側を見慣れた人には"裏側"の景色が新鮮だ。いっぽう足元はぬかるみがちで滑りやすい。それを避けるように道が広がりつつあるのも気になるところだ。

やがて台地上を横切るように右に曲がると、正面に再び大きなピークが見えてくる。今度ははっきりとトムラウシ山だ。その先で小さな沢型に沿ったお花畑を見ると、ほどなく道はカムイサンケナイ川に向かってジグザグに下る。下りたところから沢沿いに少し登り返した所がコマドリ沢出合。水はここで補給しておくのが確実だ。

出合から右のコマドリ沢に入る。ここは7月いっぱいは急な雪渓が残りがちなので要注意。軽アイゼンを携行したい。上部で右に折れ、広い露岩の斜面をガイドロープに沿って横切ったのち、急な斜面を直登する。辛いところだが、すでに森林限界を越え、登るほどに景色が広がってくるのが救いだ。

前トム平から山頂へ

登り着いた広い尾根は前トム平である。少し先に見えるケルンの尾根まで頑張れば、東大雪の山並みや目前に迫ったトムラウシ山など、より開けた展望が待っている。そこから沢地形の岩場を渡ると今度は眼下にトムラウシ公園が広がる。岩にハイマツ、池塘に花々。上から眺め

トムラウシ温泉から短縮コース分岐へ

コマドリ沢は左岸に道がある

カムイ天上の先で十勝連峰の展望が開ける。左端は下ホロカメットク山

ても下に降りてからもいい場所で、まるで自然が創った回遊式庭園といったところか——。

　再び急斜面を登り返すと、いよいよ山頂部が大きく迫ってくる。その基部を巻くようにじりじりと高度を上げてゆく。周りはなおもトムラウシ公園の余韻が残る岩と花の楽園だ。やがて右手に岩場を上り下りする人が見えてくるとほどなく南沼キャンプ指定地に着く。ここは表大雪と十勝連峰を結ぶ縦走路および山頂への道が交わる交差点。幕営する場合は雪解け水または南沼から水をとる。冒頭でも触れたが、トイレを始め環境保全には充分に配慮しよう。

　山頂へは分岐を右に入り、岩が積み重なった斜面を慎重に登る。最後にひときわ急な斜面を詰めれば、ついに待望の頂上だ。旭岳や白雲岳など表大雪の山々が視界に飛び込み、踵を返せばオプタテシケ山を先頭に十勝連峰が整然と並ぶ。さらに岩に埋めつくされた眼前の火口跡も大迫力。大雪山のど真ん中ならではの光景を心ゆくまで堪能しよう。

　さて、すでに時間も体力も相応に使っていると思う。下山の行程も長く、特にトムラウシ公園と新道の登り返しは脚にこたえる。コマドリ沢の雪渓、カムイ天上のぬかるみは油断すると滑落や転倒にもつながる。ペース配分を考えながら最後まで緊張感をもって下ろう。

随所に庭園のような景色が広がる

山頂から見た表大雪。左端が旭岳、右の高みが白雲岳

アクセス
往復＝JR石勝線新得駅(北海道拓殖バス1時間30分、☎0155-31-8811)トムラウシ温泉。運行期間は7月中旬～8月中旬。1日2往復。期間外はタクシー約1時間15分、約1万4500円(新得ハイヤー☎0156-64-5155)。なお、タクシーは追加料金で短縮登山口まで入ってくれる。

■マイカー
道東自動車道十勝清水ICから国道274号、道道718号を経由してトムラウシ温泉まで約65km。最後の約6kmは未舗装だが路面は良好。東大雪荘の手前に約20台駐車可能な公共駐車場とトイレ、水道がある。
　短縮登山口へはさらに林道を約8km進む。幅員狭くカーブも多いので運転は慎重に。終点に広い駐車場とトイレがある。

宿泊
■国民宿舎東大雪荘
登山口にある温泉宿。通年営業。宿泊者は、上記路線バス運行期間外に限り、新得駅からの送迎あり。短縮登山口への送迎はしていない。☎0156-65-3021
■山の交流館とむら
トムラウシ温泉手前約20kmのトムラウシ地区にあるコテージ。☎0156-65-2000
■トムラウシ自然休養林野営場
トムラウシ温泉から約700m奥にある。開設＝7月1日～9月30日。有料。申し込み、問合せは東大雪荘へ。

入浴
■国民宿舎東大雪荘
12～20時。大人500円。問上記。
■オソウシ温泉　鹿乃湯荘
登山口から新得へ向かう途中、若松ダム下流からオソウシ川沿いに入る。素朴な一軒宿。10～20時。大人600円。☎0156-65-3338

2万5000分の1地形図
トムラウシ山、オプタテシケ山

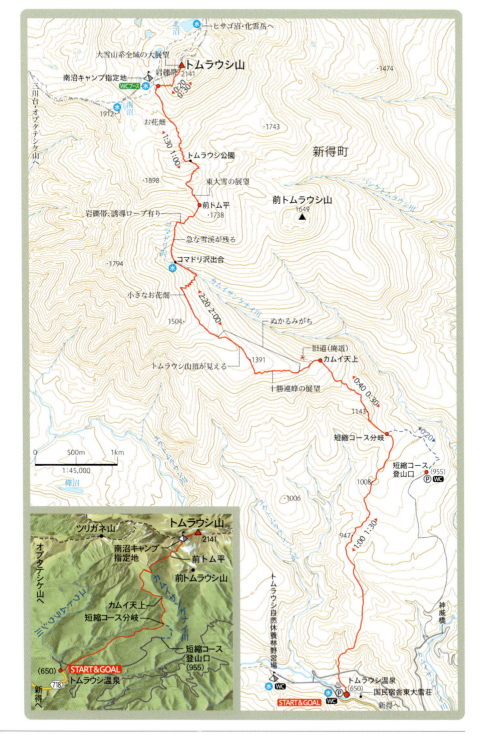

COURSE 14 十勝連峰1 十勝岳・美瑛岳
とかちだけ 2077m・びえいだけ 2052m

望岳台→十勝岳→美瑛岳→望岳台

鋸岳の岩尾根を見ながら美瑛岳へ。視界不良時は迷いやすい場所だ

　十勝岳は十勝連峰の最高峰であり、噴火警戒レベル1の活火山。有史以来何度も爆発し、大正15年5月の爆発にともなう泥流災害は三浦綾子の小説『泥流地帯』の題材となった。近年では1988年に小規模な噴火を起こし、その後も火山性微動や地殻変動が観測されている。美瑛岳は連峰第二の高さがあり、豪壮な爆裂火口と意外に多い花々との対比が魅力だ。

　登山道は美瑛町の望岳台からのルートが一般的で、ここに紹介する周遊コース、あるいは富良野岳やオプタテシケ山方面に縦走する人も多い。入山に際しては事前に火山情報を確認し、登山中も火山ガスや状況変化に対して敏感でいよう。

コースタイム(日帰り)
累積標高差 = 約1520m
登り = 3時間30分
下り = 5時間30分

コース評価
体力(標高差)	55点	
登山時間加算	5点	C
高山度(標高)	10点	A
険しさ	3点	C
迷いやすさ	3点	C

総合点　75点[上級]

※コースタイムの登りは十勝岳まで。下りは美瑛岳経由のもの。十勝岳または美瑛岳のみ往復する場合は「体力45点」の計65点(中級)

中富良野町北星山から見た晩秋の十勝連峰。右矢印下が十勝岳、左が美瑛岳。両山の下に色が変わって見える平原は自衛隊演習場で、しばしば大砲の重低音が響いてくる

■コースガイド（撮影＝7月上旬）

　歩行時間、距離ともに長く体力を要するコースである。また十勝岳から美瑛岳との最低鞍部にかけては広い火山灰地が続き、ガスなどの視界不良時は極めて迷いやすい。そのためまずは十勝岳に登り、そこで体力、天候等と相談したうえで美瑛岳まで足を伸ばすか、あるいはピストンで下山するかを判断することをおすすめしたい。逆コースで美瑛岳から歩いてきた場合、十勝岳付近でガスに巻かれると今さら戻るに戻れず窮地に陥りかねない。

　また、途中は水場に乏しく、夏の晴れた日は灼熱の道中となるので水はたっぷりと用意を。紫外線対策も忘れずに。

望岳台から十勝岳へ

　長年親しまれて来た望岳台のレストハウスは、頑丈な防災シェルターに建て替わった。24時間開放で平常時は休憩所やトイレ、水道が利用できるが、宿泊は不可である。玄関に入山ポストがあるので忘れずに記入を。

　登山口は駐車場の右手。はじめは火山の裾野らしい広くなだらかな斜面を登ってゆく。すでに十勝岳も美瑛岳も山頂が見えている。火山れきばかりの殺風景な土地に懸命に花を咲かせているのはマルバシモツケやミネヤナギ。吹上温泉への分岐を過ぎ、やや斜度が増してくると美瑛岳方面への道が分かれる雲ノ平分岐だ。帰路はここに戻ってくる。

　十勝岳へは直進する。少し登ったところに建っているのは十勝岳避難小屋。中にはヘルメットや毛布などの防災品が備えられ、周囲は各種観測機器が立ち並ぶ。活火山であることを再認識するとともに、もしもの時にはたして何ができるのか考えさせられよう。

　その先で道は左に直角に折れる。直進する前十勝経由の道は通行禁止となって久しい。涸れ沢を渡り尾根に取り付いたら、当面はこの火山れきの斜面を登り続けることになる。足元にはメアカンキンバイが目立つようになり、モノトーンのれき地に彩りを添えている。次第に傾斜が増し、早い時期は右の沢形に雪渓も見られるだろう。

　ひときわ急になった斜面をスカイラインに向けて頑張ると、右前方にピラミダルな十勝岳が見えてきて、スリバチ火口の縁に出る。左手に火口を挟んで美瑛岳、右手に巨大な窪地状のグラウンド火口を見ながら宇宙映画に出てきそうな荒涼とした景色のなかをゆく。山腹に刻まれた幾筋もの雨裂から連想されるのは、往年の悪役レスラーの額かはたまた——。視界不良時は踏

望岳台を出発。最初は広い道だ

振り返ると広大な裾野が見渡せる

雲ノ平分岐付近から前十勝、大正火口方面を望む

左／スリバチ火口の縁を辿って十勝岳へ。大小いくつもの火口がこの山の歴史を物語る　上／平日でも多くの人で賑わう十勝岳頂上。意外なことに三角点はない

み跡を見失わないよう注意しよう。

　山頂稜線の基部まで来たら、一面岩だらけのガレた急斜面に取り付きこれを登る。ペンキ印はあるが踏み跡が錯綜し、浮き石も多い。前後には登山者が続いているので滑落、落石に注意しよう。肩まで登ると激しく噴煙を上げる62-Ⅱ火口と大正火口をはじめ、いくつもの火口を見渡せる。右に富良野岳、左に美瑛岳を見ながらガイドロープに沿って稜線を詰めていけば、十勝岳山頂に到着する。

　美瑛岳ごしにオプタテシケ山の頭が覗き、その右にトムラウシ山、左に表大雪。反対側は上ホロカメットク山へと続く稜線の先に富良野岳が大きい。足元には登山口の望岳台、白金温泉、その横に広い白金模範牧場も見える。さす

が連峰最高峰だけあって見飽きない展望だが、頂上は意外と狭い。次々とやってくる登山者に場所を譲り、次なる行程に踏みだそう。

十勝岳から美瑛岳へ

　頂上の岩場を下るとすぐにだだっ広い火山灰の平地となる。数十mおきに目印の杭や石積みがあるとはいえ、晴れていても踏み跡を見逃しそうになるほどだ。新得コース分岐を過ぎ、2008m標高点・通称平ヶ岳を越えると鋸岳の岩尾根が見えてくる。道はピーク手前を右に折れ、ザクザクにザレた山腹を150mほど下ったのち、今度は左に折れて美瑛岳との最低鞍部に向かう。前後左右雄大な景色が続き、縦走の醍醐味を味わえるところである。ただ相変わらず踏

鋸岳、十勝岳（奥）を背に美瑛岳に向かう

イワウメ。美瑛岳は花も多い

み跡は薄れがちで目標物にも乏しい。

　最低鞍部は美瑛岳爆裂火口の末端にあたり、道は火口壁外側＝尾根の右側を辿りながら高度を上げてゆく。十勝岳からここまでは生命の気配すら感じなかったが、次第にイワウメやメアカンキンバイなどの花が見られるようになる。1962m標高点付近からは縞状の構造土に沿ったチングルマやエゾノツガザクラがミニチュアの千枚田のような景観をつくり面白い。

　火口壁に沿って次第に左に回り込むとオプタテシケ山が姿を現してくる。美瑛岳山頂へはそのまま稜線上を行く道と、トラバースしたのちに直上する道があり少々わかりにくいが、いずれ合流して明瞭なものとなる。頂上は狭い稜線上で、特に南側は足元から切れ落ちている。その火口越しに見る十勝岳は望岳台から見る以上に重量感にあふれ、実に堂々としたものだ。

美瑛岳から雲ノ平、望岳台へ

　頂上から火口壁上を西に進むと、すぐに急な下りとなる。イワウメ、ミネズオウ、ツガザクラ類など花も多く、またこれから行く雲ノ平方面のトラバース道や遠く富良野岳も見えている。しかし岩が積み重なった足元は不安定でよそ見をしながら歩いている余裕はない。一気に100mほど高度を下げ、やや斜度が緩んだところで右にカーブしてハイマツ帯に入る。さらに下ってミヤマハンノキが現れてくると浅い沢地に出て美瑛岳分岐となる。右から合流する道は美瑛岳－美瑛富士間のコルに通じている。

　分岐を後にしてほどなく、壁のような急斜面を下る。標高差は150mほど。時にハイマツや笹を掴んでの激しい下りだ。その先のポンピ沢は右岸をわずかに遡ったところに渡渉点がある。通常は靴を履いたまま飛び石伝いで渡れるはずだ。またここは本コース中唯一の水場でもある（すでに終盤ではあるが）。エゾコザクラが美しい道をゆるく登り返してゆくと、今度は函状に深くえぐれた北向（きたむき）沢。7月上旬まで雪に埋まり、解けた後はハシゴで上り下りする。中途半端な時期は雪渓の縁の踏み抜きや転落に注意しよう。振り返ると美瑛岳が大きく、先ほどの急斜面がハ

美瑛岳山頂近く、チングルマとエゾノツガザクラの競演

美瑛岳の山頂から十勝岳を望む。ラウンドした爆裂火口の迫力に圧倒される

イマツ帯に見えている。
　道は再びごく緩い下りに転じ、十勝岳の中腹をトラバースするように辿る。このあたりは雲ノ平と呼ばれ、初夏のころはイソツツジが粉砂糖を振りかけたような群落をつくっている。やがてザレた尾根の上に出ると硫黄沢越しに十勝岳方面や避難小屋、登山道などを一望でき、周回登山をしてきたことが実感できるだろう。足元にメアカンキンバイやチシマフウロ、エゾコザクラなどを見ながら雲ノ平分岐に下ったら、往路を望岳台へと戻ろう。

■**サブコース：吹上温泉を起点に**
　吹上温泉は上富良野からのバスが通じ、宿泊施設の白銀荘やキャンプ場もあって、公共交通利用の場合はここを起点とするのも便利である。所要時間も望岳台起点と大差はない。
　登山口は白銀荘に隣接するキャンプ場の左奥にある（三段山への道と間違えないように）。針葉樹林の中の平坦な道を行き富良野川を渡渉する。通常は登山靴で問題ないが増水時は慎重に。九条武子の歌碑を過ぎるとハイマツの濃い溶岩地帯で、イソツツジやシラタマノキがきれいだ。十勝岳や美瑛岳を見渡す広い場所で下からの作業道に合流したら、あとは道なりに進んで吹上温泉分岐へ。帰路はこの作業道に入らないよう気をつけよう。

ポンピ沢近くのエゾコザクラ

左／ポンピ沢は爆裂火口を源頭とし、アバレ川と名を変え美瑛川に注ぐ　上／雪の詰まった北向沢。解けると深い函に

アクセス
往復＝JR富良野線美瑛駅（道北バス34分、JR旭川駅前始発、☎0166-23-4161）白金温泉（遊歩道「白金コース」経由で徒歩約1時間10分、3.7km）望岳台。または美瑛駅から望岳台までタクシー約30分、約6500円（美瑛ハイヤー☎0166-92-1181、美瑛大雪ハイヤー☎0166-92-1730）。
　さらに、JR上富良野駅（上富良野町営バス32分、☎0167-45-6980）吹上温泉保養センター白銀荘下車。同所からも十勝岳登山道に合流できる（上記サブコース参照のこと）。
■**マイカー**
国道237号上富良野から道道291号を十勝岳温泉に向かい、道道966号に入って望岳台へ。上富良野から約23km。または美瑛から道道966号経由で約25km。駐車場は50台以上のスペースがあるが、シーズン中は早朝から混雑する。

宿泊
■**白金温泉**
望岳台から約5km。4軒のホテル、旅館などがある。問びえい白金温泉観光組合☎0166-94-3025
■**吹上温泉保養センター　白銀荘**
望岳台から約4kmの自炊専用宿。大きな露天風呂と手ごろな宿泊費（大人2600円）が特徴。キャンプ場併設。☎0167-45-4126
■**国立大雪青少年交流の家**

白金温泉の奥にあり、2名以上で宿泊可能な研修施設。☎0166-94-3121
■国設白金野営場、美瑛自然の村キャンプ場
どちらも白金温泉エリアに位置し、バンガローもある。開設＝6月上旬～9月下旬（白金）、7月上旬～8月下旬（自然の村）。有料。問白金現地☎0166-94-3209、自然の村現地☎0166-94-3415、美瑛町経済文化振興課☎0166-92-4321

入浴
■美瑛町国民保養センター
白金温泉の立ち寄り専用湯。9時30分～20時。大人300円。月曜休。☎0166-94-3016
その他、白金温泉の各施設で入浴可能。

■吹上温泉保養センター　白銀荘
10～22時。大人600円。問左記の通り。

2万5000分の1地形図
白金温泉

望岳台の防災シェルター。駐車場は早朝から混雑する

COURSE 15 十勝連峰2 富良野岳
ふらのだけ 1912m

十勝岳温泉→上富良野岳→富良野岳→十勝岳温泉

D尾根上からは終始その姿が望める。前項の十勝岳に対して緑の濃さは歴然だ

　火山特有のモノトーンの山々が多い十勝連峰の中で、その活動が早くに終わった富良野岳は山頂付近まで緑に覆われ、穏やかな印象を持つのが特徴だ。花の名山として知られ人気も高い。富良野はアイヌ語で「フラ・ヌ＝臭いを持つ」を意味し、富良野川に硫黄が流れ込んでいることに由来するという。

　十勝連峰の登山道のある山のなかでは最南端に位置し、登山道は十勝岳温泉を起点に直接山頂へと向かうものと、上富良野岳、三峰山（さんぽうざん）を経由する縦走コースが一般的。本書でもこれらを利用した周回プランを紹介する。このほか南側の原始ヶ原から登る道があり、静かな山を求める人に好まれている。

コースタイム（日帰り）
累積標高差＝約990m
登り＝4時間40分
下り＝2時間20分

コース評価
体力(標高差)	45点	
登山時間加算	5点	C
高山度(標高)	10点	A
険しさ	3点	C
迷いやすさ	0点	D

総合点　65点[中級]

※コースタイムの登りは上富良野岳経由のもの。富良野岳のみ往復の場合は「体力40点」の計60点(中級)

左／上富良野町郊外千望峠近くから見た富良野岳。左端は十勝岳　右／上ホロ分岐へのトラバース道に咲いていたサンカヨウ

■ コースガイド(撮影=6月下旬)

ここでは上富良野岳から富良野岳へと時計回りでガイドするが、逆コースでも所要時間、難易度はさほど変わらない。天候と相談して決めてもいいだろう。

花が特にみごとなのは主稜線上。見ごろは例年6月下旬～7月中旬で、その時期はまだ随所に雪渓が残っている。富良野岳山頂付近を除き、斜度のある危険なものは少ないが、雪解けが進んでからは踏み抜きに注意しよう。

十勝岳温泉から上富良野岳へ

十勝岳温泉は標高1270m、道内最高所の温泉である。登山口は公共駐車場のすぐ向かいにある。はじめは林道状の広く平坦な道を行く。通行止めとなっている三段山への分岐をすぎた先で右手の涸れ沢、ヌッカクシ富良野川に下り、これを渡る。上流には荒々しい安政火口(旧噴火口)が見えているが、帰路に立ち寄るとしてまずは先へ進もう。

対岸の斜面に取り付き、いったん下流方向へ折り返すように斜上してから、尾根を回り込んで稜線方面に向かう。この尾根は通称D尾根といい、化物岩、八ッ手岩などの岩場を擁しながら上富良野岳まで続いている。すぐに富良野岳への道を分ける上ホロ分岐があるが、雪渓が大

安政年間の爆発にちなむという安政火口

きい時期は標柱を見落としやすい。その後はしばらくさほど急でもない沢型の地形——早い時期は長めの雪渓上——を登ってゆく。

やがてにわかに斜度が増し、木の階段が現れてぐいぐい高度を上げるようになる。左に地獄の様相を見せる安政火口を見下ろしたかと思えば、右に緑の濃い富良野岳が大きく、また傍らにはチングルマやキバナシャクナゲが愛らしい姿を見せ始める。しんどい半面、喜びと感激続きの登りである。左横に八ッ手岩を見ると、道は右に曲がって最後の急斜面へと入ってゆく。これを登ったところが主稜線で横に上富良野岳の標柱が立っている。

三峰山を越えて富良野岳へ

上富良野岳から見る富良野岳は、三峰山を手前に従え堂々たる姿である。まずはその三峰

D尾根下部の雪渓。6月下旬

登るほどに荒々しさが際だってくる安政火口。稜線はまもなくだ

山に向かって緩く大きく下る。イワウメ、ミネズオウ、コケモモ、エゾコザクラ……。広い風衝地に小さくも可憐な花々が次々と咲き競い、この先のさらなる展開を期待せずにいられない。

三峰山はその名の通り3つのコブが連なる山で、2番目が本峰となる。一見大きいが歩いてみると大したアップダウンもなく越えてしまうだろう。一帯はキバナシャクナゲが多く、ハイマツの濃い緑に映える淡いクリーム色が絶妙だ。3つめのコブを過ぎると一時尾根は狭まり、ほどなくまた広がってチングルマやエゾノハクサンイチゲが咲く富良野岳とのコルとなる。そこからわずかに上り返した小広場が富良野岳分岐である。

山頂までの標高差は残り200m弱。目の前の急斜面を木の階段で上り、尾根を回り込んで稜線左側につけられた道を辿る。足元は急な雪崩斜面で、エゾノハクサンイチゲやエゾコザクラなどが一面に咲き誇る。眼下にゴルフ場のように見えているのは、森に点在する原始ヶ原の湿原だ。遠くに近くに見どころ多い道であるが、幅は狭く人も多いのですれ違いには注意しよう。また6月中は急な雪渓のトラバースにも気をつけて。最後は急斜面をひと登りで山頂につく。

正面には芦別岳や夕張岳の特徴的な山並みが連なり、遠く日高山脈も望まれる。振り返ると十勝連峰の連なり、なかでも安政火口の赤茶

三峰山は随所でキバナシャクナゲがみごと

けた火口壁と残雪とのコントラストが目を引く。山頂は狭いが、原始ヶ原方面に100mほど行くと居心地のいいコブがある。

十勝岳温泉に下る

富良野岳分岐まで戻り、道標に従って十勝岳温泉への道に入る。灌木帯の広い斜面を下って右に折れると三峰山山腹の長いトラバース道の始まりだ。足元には意外と多くの花々が顔を覗かせ、ウコンウツギやウラジロナナカマドも賑やかで退屈さは感じない。途中何度か横切る雪渓は、いずれも斜度は緩くトレースも明瞭だ。三峰山沢とその支流を上り下りすると間もなく上ホロ分岐に出て、あとは往路を戻るだけ。安政火口は上流に向かう踏み跡を少し入ると、迫力ある全貌を目にすることができる。

富良野岳山頂付近から縦走路を振り返る。雲間に十勝岳がうっすら

稜線から原始ヶ原方面を見下ろす

下山は長いトラバース道を下る

アクセス
往復＝JR富良野線上富良野駅（上富良野町営バス45分、☎0167-45-6980）十勝岳温泉凌雲閣。またはタクシー約25分、約5650円（上富良野ハイヤー☎0167-45-3145、十勝岳ハイヤー☎45-3147）

マイカー
国道237号上富良野から道道291号に入り十勝岳温泉まで約20km。約40台分の無料駐車場がある。シーズン中は週末を中心に混雑する。トイレあり。

宿泊・入浴
十勝岳温泉凌雲閣
登山口にあり、安政火口を望む露天風呂が人気。素泊り可。日帰り入浴は8〜20時。大人800円。☎0167-39-4111

国民宿舎カミホロ荘
凌雲閣から道道を1.3km下った地点。日帰り入浴は7〜21時。大人600円。☎0167-45-2970

2万5000分の1地形図
十勝岳

公共駐車場と凌雲閣、その向こうに富良野岳

COURSE 16 暑寒別岳

しょかんべつだけ 1492m

暑寒荘→暑寒別岳（暑寒コース、往復）

九合目付近を頂上台地へと登る。背後には辿ってきた尾根と日本海が

　日本海に張り出した一大山塊、増毛山地。暑寒別岳はその最高峰だが、大らかな山容ゆえ、遠望するとどこがそのピークか捉えにくいほどだ。豪雪地帯であり、初夏のころまで石狩湾越しにあるいは滝川方面から白い山並みが確認できる。山名は暑寒別川の水源にあることに由来し、アイヌ語で「ショカンペッ＝滝の上にある川」を意味するという。

　登山道は日本海側から2本、内陸側から雨竜沼を経由する1本がある。両者を結んで縦走すればコース変化も達成感も大きいが、長い行程と交通手段の確保が課題だ。ここでは利用者の多い増毛側からのコースを往復してみよう。

コースタイム（日帰り）

標高差＝約1200m
登り＝4時間30分
下り＝3時間10分

コース評価

体力（標高差）……………50点
登山時間加算……………5点 C
高山度（標高）……………6点 B
険しさ……………………3点 C
迷いやすさ………………0点 D

総合点　65点［中級］

左／箸別コースのアプローチから見た暑寒別岳。見た目同様、登山道も大らかで長い
右／増毛山地の固有種であるマシケゲンゲ。山頂台地で6月下旬〜7月中旬に見られる

■ **コースガイド** (撮影＝7月下旬)

暑寒荘から滝見台へ

　片道約9km、標高差約1200mと歩きごたえがあるコース。ずっと尾根通しで途中には水場がないので充分に持って出発しよう。

　駐車場から階段を上ったところに山小屋の暑寒荘、その向かいに入山ポストがある。立派な標識に導かれて登山道に入り、すぐに左に分かれる遊歩道を見送る。針葉樹に混じってシラカバやミズナラ、林床にはエゾアジサイ、さらにツタウルシも目立つ。傾斜が増してしばらく階段状の登りが続き、再び緩やかになると右に大きくカーブして一合目の標柱を見る。地図を開けば暑寒別岳から北に伸びる長い尾根の末端に乗ったことがわかり、ここからが本番と気が引き締まる。左から林道跡が合流し、広く平坦になった道がこの先のつつじヶ丘まで続く。時折、立派なトドマツも見られ気分は森林浴のようだ。

　つつじヶ丘まで来ると前方が少し開けて頂上から西に延びる稜線が目に入る。そのすぐ先が二合目。かつての岩清水ルート分岐で、まだ痕跡はあるが通行止めである。さらに数分で593m標高点の佐上台。ここは日当たりのいい休憩適地。頭上の木に取り付けられた数字の看板は山スキー用の標識で、その高さが積雪の多さを物語る──といった具合に次々と合目表示や地名の標識が現れ、単調になりがちな長い尾根歩きに目安と励みを与えてくれる。

　ここからは緩急ある道を淡々と登ってゆく。灌木に混じってときおり大きなミズナラが目に留まる。四合目からは増毛市街や日本海が見渡せるが、距離の割に高度感が感じられずややもどかしいところ。やがてダケカンバが出てくると、五合目の小広場となる。古いガイドブックには水場表記があるが、今は涸れて使えない。

花咲く暑寒別岳頂上へ

　五合目を後にすると次第に斜度が増してくる。大雪の影響か地を這う大蛇のように枝をくねらすダケカンバも見られ、頭をぶつけないよう上に下にと視線をやりながら登ってゆく。六合目と七合目の間はとりわけ急で、滑りやすいガレ場には長いロープが張られている。これを登りきるとハイマツ帯と書かれた標識が立つ1076m三等三角点である。

　傾斜が緩み、眺めのよくなった尾根を七合目、滝見台と進んでいく。滝見台はその名の通

前夜泊に便利な暑寒荘

道幅が広くなり休憩にいい佐上台

左／つつじヶ丘手前の樹林帯。両側にはツタウルシがびっしり。弱い人は注意を
上／滝見台から見る大滝。数段にわたる落差ある滝だ

り西暑寒岳中腹のポンショカンベツ川に懸かる大滝を遠望できるポイントだ。さらに小さく緩急つけながらひと登りすると八合目の扇風岩。ここは露岩のコブで、滝見台以上に大滝や西暑寒岳の眺めがいい。裏側に回ると岩場にチシマギキョウやサマニヨモギが咲き誇りちょっとした見ものである。だが、それ以上に目を引くのは正面に立ちはだかる頂上台地への急斜面。この先、まだこんな登りが待っていたとは——。

扇風岩から笹原を通り抜け、いよいよその急登に取り付く。標高差は約250m。長いロープが張られたガレ場もあり、落石や滑落に注意しながら慎重に登る。目安は右手に見える西暑寒岳。これが肩を並べるようになればこの難所もそろそろ終わりだ。

突然、目の前が開けて広々とした頂上台地の一角に出る。振り返れば辿ってきた尾根が延々と続き、その先に今度は高度感を持って日本海が望まれる。洋上には天売・焼尻の両島、運がよければ利尻山も見えるだろう。ほどなく箸

目前に最後の急斜面が迫る。扇風岩にて

別コースが合流し、左手に雨竜沼湿原や南暑寒岳が見えてくる。箸別コースもまた花の名所として知られている。車の手配がつけば、こちらに下山するのもいいだろう。分岐から登山口まで下り2時間40分ほどである。

足元にはミヤマオグルマ、ミヤマアズマギク、リンネソウ、さらに固有種のマシケゲンゲ。ひとつ見つけるたびに足が止まるがここまできたら山頂はすぐそこだ。台地の奥に一段高くなった頂上は、増毛山地の最高点かつど真ん中。360度の展望を心ゆくまで楽しもう。

左／それまでの急登が嘘のような頂上台地
上／見落としそうなほど控えめに咲くリンネソウ。山頂一帯は多くの種類の花が見られる

露岩の頂上は展望抜群

群別岳(右)と奥徳富岳(左)。どちらも夏道はない

アクセス
増毛まで：札幌(沿岸バス「特急はぼろ号」2時間14分、☎0164-42-1701)留萌市元川町バス停(沿岸バス約40分)旧増毛駅。または、札幌(北海道中央バス「高速もい号」約3時間、☎011-231-0500)留萌(沿岸バス約35分)旧増毛駅。

増毛からはタクシー約30分、約3800円(明日萌ハイヤー☎0164-53-1331)で暑寒荘へ。

■マイカー
国道231号増毛市街地から登山口への標識に従って道道546号に入り、約11kmで終点の暑寒荘に着く。約20台分の駐車場がある。トイレ、水場あり。

宿泊
■暑寒荘
登山口にある立派な山小屋で自由に利用できる。夏期日中は管理人駐在。寝具、食料は持参。収容60人。無料。隣接して暑寒野営場(無料)もある。問増毛町経済課観光推進室☎0164-53-3332

入浴
■オーベルジュましけ
増毛市街地を札幌寄りに抜けたところ。立ち寄り入浴は11〜22時。大人550円。☎0164-53-2222

■岩尾温泉あったま〜る
国道231号を増毛市街から札幌方面へ約18km、日本海を見渡す立ち寄り湯。11〜21時。第3木曜休。大人500円。冬期休業。☎0164-55-2024

■岩尾温泉宿 夕陽荘
あったま〜る近くの源泉温泉宿。11〜20時30分。水曜休。大人500円。冬期休業。☎0164-55-9611

2万5000分の1地形図
暑寒沢、暑寒別岳

COURSE 17 雨竜沼湿原・南暑寒岳

うりゅうぬましつげん・みなみしょかんだけ 1296m

南暑寒荘→雨竜沼湿原→南暑寒岳（往復）

エゾカンゾウ咲く雨竜沼湿原と南暑寒岳。見ごろは7月上旬〜下旬

　雨竜沼湿原は北海道最大級の山岳湿原。2005年に山岳高層湿原としては世界で初めてラムサール条約に登録された。大小無数の池塘はその多くが円形をしているのが特徴で、蛇行して流れるペンケペタン川とともに独特の景観をつくっている。季節を追ってさまざまな花が咲きほこらび、シーズン中は常に多くの人で賑わっている。いっぽうで踏みつけによる乾燥化や外来種の侵入が課題にもなっている。

　登山道は南暑寒岳を越えて暑寒別岳に通じているが、長い距離と大きな登り返しのため、南暑寒岳で引き返す人が多い。本書では南暑寒岳までの往復コースをガイドしよう。

コースタイム（日帰り）

標高差＝約760m
登り＝4時間
下り＝3時間

コース評価

体力（標高差）	40点	
登山時間加算	5点	C
高山度（標高）	6点	B
険しさ	0点	D
迷いやすさ	0点	D

総合点　50点［初級］

※雨竜沼湿原往復は「体力35点」「登山時間加算0点」「高山度3点」の計40点（初級）。

左／暑寒別岳から見た南暑寒岳。その左奥に雨竜沼湿原　右／エゾハンショウヅル（クロバナハンショウヅル）。地味だが割と珍しい花で北海道だけに自生する

■ コースガイド（撮影＝7月中旬、9月上旬）

雨竜沼湿原まで

　登山シーズンは6月中旬から10月中旬まで。それ以外の期間は途中の吊り橋が撤去され入山できない。また雨竜町では登山口から南暑寒岳を経て暑寒別岳までを3区間に分け、毎年順に笹刈りしているとのこと。おかげで登山道の状況は概ね良好だが、年によっては若干被り気味の部分があるかもしれない。

　登山口の雨竜沼湿原管理棟で入山届けを記入し、環境美化整備協力金500円を支払う。花や道の状況なども聞いていこう。渓谷第一吊り橋まではほぼ平坦な林道をゆく。右手に見える岩塔のような山は円山（まるやま）で、その頂は雨竜沼湿原とほぼ同じ標高だ。立派な鋼鉄製の吊り橋を渡ったところからペンケペタン川右岸に沿った山道となる。ぬかるんだり小さな枝沢を横切ったりと滑りやすいところもあるので慌てずに。

　やがて道は二分し、右は白竜ノ滝（はくりゅう）経由、左は直接湿原に向かう。とはいえ、どちらもすぐに合流し、展望台から落差36mの滝を俯瞰することができる。右の道は急な踏み跡を伝って滝壺まで下りられるので寄ってみるのもいい。

　第二吊り橋は登山口と湿原入口のほぼ中間点にあたる。ここから斜度が増し湿原のある台地へと登ってゆく。背後に遠く見えてくるのは大雪山だ。やがて谷が開けて傾斜が緩み、ペンケペタン川のほとりをゆくようになる。前方には湿原の気配が感じられるが、道はいったん右手の笹原に入りそこから湿原に向けて緩く下る。湿原入口の小川で雑草の種子を持ち込まないよう靴底を洗ったら、いよいよ雨竜沼湿原である。

　湿原内の注意点として、まず木道から外れないこと。休憩は木道上を避け、テラスや展望台を利用しよう。また、木道は途中二手に分かれ時計回りの一方通行となっている。

　湿原は一見真っ平らにみえるが小さく起伏し、隣り合う池塘どうしも水面は微妙に高低差があったりして興味深い。正面にはゆったりとし

登山口の南暑寒荘。ロッジのような立派なつくりで設備も充実。近年はそれほど混雑することもなく予約は不要とのこと

ペンケペタン川が二条になって落ちる白竜ノ滝

道が沢に沿うようになると湿原は近い

まん丸な池の成因はよくわかっていないとか

た南暑寒岳、その右奥に暑寒別岳が並ぶ。初夏には川を泳ぐカモの親子を見ることも。

花は時期を追って次々に咲く。代表的なものをあげてみると──。6月＝ミズバショウ、ショウジョウバカマ、ヒメシャクナゲ、オオバタチツボスミレなど。7月＝コバイケイソウ、エゾカンゾウ、ヒオウギアヤメ、ウリュウコウホネ、ワタスゲ、トキソウなど。8月＝タチギボウシ、サワギキョウ、エゾオヤマリンドウなど。

湿原出口の分岐で木道は南暑寒岳への登山道と周回コースの往路とに分かれる。前者を15分ほど登ると湿原全体を見渡せる展望台があるので、湿原散策が目的の人もそこまで足を伸ばしてみるといいだろう。

南暑寒岳へ

展望台からしばらくは背の高いチシマザサの刈り分けをゆく。さほど急ではないがほぼ直登の道が続き、ヒグマの掘り起こしも目立つ。

ハイマツ帯に入りやや斜度が増すと1133m標高点。少し先に小さなケルンがある。やがて雪田跡の広い草原となり、右手に日本海の海岸線が見えてくる。沖に平たく天売・焼尻島が浮かび、さらには利尻島まで見える日も。開放的で気持ちのいい斜面を登りきると南暑寒岳だ。山頂からの展望は右ページの通り。まさに増毛山地のオールスターが勢揃い！　次回の目標は暑寒別岳までの縦走だ。

展望台から見渡した雨竜沼湿原

南暑寒岳山頂。暑寒別岳まではさらに往復4時間以上

南暑寒岳からの展望。中央に暑寒別岳への縦走路が延びる

アクセス

雨竜市街まで：札幌（北海道中央バス「高速るもい号」2時間7分、☎011-231-0500）雨竜市街。または、JR深川駅と滝川駅を結ぶ中央バス（☎0125-24-7191）の深滝線雨竜経由、または滝川発碧水行きの同バス滝川北竜線で。

雨竜市街から登山口へはタクシー約45分、7200円程度（雨竜ハイヤー☎0125-77-2206）。

■マイカー

国道275号雨竜市街から登山口への標識に従って道道432号に入り、約12kmで尾白利加ダムを通過。ここから所々舗装された砂利道を約14kmで登山口に着く。駐車場は2箇所に約150台分。トイレ、水場あり。

宿泊

■雨竜沼湿原ゲートパーク

登山口にある施設で、入下山届けを行う管理棟、南暑寒荘、キャンプ場からなる。南暑寒荘は70人収容の山小屋で、シャワー、電磁調理器、冷蔵庫などあり。寝具と食料は持参。予約不要。開設＝登山道開通期間。素泊り1000円。キャンプ場は1泊1張り9人まで700円。

☎雨竜町産業建設課☎0125-77-2248

入浴

■いきいき館

雨竜市街地の高齢者健康福祉センター。沸かし湯だが広い浴場がある。食堂併設。11〜21時。第4月曜休。大人400円。☎0125-77-2241

2万5000分の1地形図

恵岱岳、暑寒別岳

COURSE 18 神居尻山

かむいしりやま 947m

道民の森→（Bコース）→神居尻山→（Aコース）→道民の森

Bコース上部、842mピーク付近。背後は暑寒別岳など増毛山地の山々

当別町から新十津川町にかけての西側に連なる山々を樺戸山地と呼び、神居尻山はその北端にある。1000mに満たない標高とは思えないほど花が多く、雪崩地形による険しい景観とともにこの山の見どころとなっている。山名は道内各地に点在するものと同様、アイヌ語で「神の山」を意味する。

登山道は3コースあり、いずれも1990年に道民の森を造成した際に拓かれた。Aコースはアップダウンのある森の道。B、Cコースは比較的距離が短く花が多い。B、C～Aとつなげば変化ある山歩きとなるが、花が目的ならB、Cだけでもいい。ピンネシリへの縦走路は通行不能となっている。

コースタイム（日帰り）
累積標高差＝約850m
登り＝2時間5分
下り＝2時間20分

コース評価
体力（標高差）……………40点
登山時間加算……………0点 D
高山度（標高）……………3点 C
険しさ……………………0点 D
迷いやすさ………………0点 D

総合点　45点[初級]

当別町青山中央付近から見た神居尻山。中央が頂上で、Bコースは左に延びる尾根上を通っている。右の鞍部はピンネシリとのコル

■コースガイド（撮影＝6月上旬）

花のBコース

　山麓の道民の森は宿泊施設や研修所などが点在し、駐車場も複数箇所ある。ここでは宿泊施設の奥にある治山の森駐車場を起点とする。Bコース登山口は駐車場から車道を200mほど戻ったところ。出発してほどなく2、3回ジグザグを切ると急な丸太の階段が登場する。道民の森から登る樺戸の山に共通する名物（？）で、この後も随所に現れる。歩幅が合わず疲れることも多いが、スリップ防止や登山道の洗掘防止などに役立っているのだろう。

　標高650m付近にベンチがあるが、もうひと頑張りして700mの尾根の頭まで登ってしまおう。登り切ると同時に視界が開け、正面に群別岳や暑寒別岳などの増毛山地が姿を現す。振り返るとこれからゆく842mピークへの尾根が延び、その左に頂上が大きい。

　ここからは展望と花を楽しみながらの尾根歩きとなる。両側にはシラネアオイやハクサンチドリ、タチツボスミレ、マイヅルソウなどが咲き、右手遠くに樽前山から恵庭岳、札幌岳方面の山並みが展望できる。さらには手稲山や石狩湾越しに余市岳や羊蹄山も。

　登り着いた842mピークはCコースとの合流点。ここで進路を左に変えて山頂を目指す。一度小さく下った後、歩幅の狭い階段で急な尾根を直登していく。右側は雪崩斜面となって崖のように切れ落ち、対岸の斜面もまた険しい表情を見せる。だが、そんな斜面にこれでもかというほどに高山性の花々が咲いているのだ。ミヤマアズマギク、ミヤマオダマキ、キジムシロ、エゾノハクサンイチゲ、チングルマなどなど。札幌から気軽に来られるハイキングコースで、これだけの花に出会えるのはちょっと感動ものだろう。つい身を乗り出してしまうがご用心、足元は脆く落ちたらただではすまない。

　傾斜が緩んでくると立派な展望盤が置かれた山頂である。ここまでの増毛山地や札幌近郊の山々に加え、隣のピンネシリ、その肩越しに芦別岳や夕張岳、遠く大雪山系まで望まれる。

森のAコース

　Aコースの下り口は山頂を挟んでB、Cと反対側。チシマザクラやオオカメノキを見ながら下るとすぐに無人の避難小屋、神居尻山小屋がある。近年少々傷みが目立つのが残念だ。その先で通行止めとなっているピンネシリへの道と分かれ、コースは左に折れて急斜面を下る。一帯は

前半は視界の利かない樹林帯

Bコースの尾根と遠く石狩湾の展望

842mピークから山頂へ。急斜面沿いに登山道が延びている

見応えあるダケカンバの純林で、花も種類こそ限られるがツバメオモトやカタクリが多く気分のいい道である。小さく起伏しながら尾根上をゆき、865m標高点を過ぎた先で左にカーブ。その後はアップダウンを繰り返しながら高度を下げてゆく。時折、谷を隔てて山頂や山小屋が見えるが、全体に視界の利かない樹林帯が続く。じっくり森と向き合えるという意味ではこれも悪くない。

標高500m付近で一瞬林道に接し、すぐにまた左の登山道に入る。2、3回小さく起伏したのち遊歩道を左に分け、斜度の緩んだ明るい森を下ってゆく。最後は点在するミズナラの大木を見上げるうちにAコース登山口に出る。駐車場へは車道を戻るが、宿泊棟「せせらぎ棟」の先で右への遊歩道に入ると近道だ。

■**サブコース：Cコース**

治山の森駐車場から車道をさらに800mほど

山頂から見たAコース方面。右はピンネシリ、遠くに大雪山系

奥に進むと入山ポストがあり、そこを左に入ったところが登山口。コースは中盤まで適度に緩急のある道だが、標高550m付近から斜度が増してきて小刻みな木の階段で一気に高度を稼ぐ。842mピークでBコースと合流する。終盤は花も楽しめる草地の急斜面だが、展望はBコースのほうが勝る。

雪崩斜面で風に揺れるミヤマオダマキとキジムシロ

エゾノハクサンイチゲも多い

上／Aコース上部はツバメオモトが多く見られる
右／Aコースは源流部を囲む尾根上を巡っている。所々で谷を挟んで山頂が見える

アクセス
利用できる公共交通機関はない。タクシーが利用できる最寄り駅はJR札沼線石狩月形駅で、登山口まで所要時間約1時間、料金は概算で1万2000円程度となる。はーとハイヤー☎0126-53-2088

■マイカー
国道275号当別郊外から道道28号を北上し、青山ダムの先で標識に従い道民の森神居尻地区へ。Aコースは登山口手前か森林学習センター横、B・Cコースは Bコース奥の治山の森駐車場が便利。

宿泊
■道民の森神居尻地区宿泊施設
自炊用コテージが4棟ある。収容200人。1部屋（4人用）8000円から。寝具、調理器具あり。食器、食料は持参。開設＝5～10月。問道民の森管理事務所☎0133-22-3911

■道民の森神居尻地区キャンプ場
開設＝5～10月。有料。問同上

入浴
■月形温泉ゆりかご
国道275号沿い月形市街にある温泉ホテル。10～

22時。第3火曜休。大人500円。☎0126-53-2001

■中小屋温泉
国道275号沿い、JR本中小屋駅近くの静かな一軒宿。10～20時。大人540円。☎0133-27-2011

2万5000分の1地形図
南幌加、ピンネシリ

COURSE 19 芦別岳

あしべつだけ 1726m

山部自然公園→(旧道)→芦別岳→(新道)→山部自然公園

旧道の核心部、キレット。頂上は残念ながらガスの中

　夕張山地の最高峰で、夫婦岩（めおと）から続く険しい北尾根は山麓からもひときわ目を引く。ユーフレ川源流部の東面に岩壁、岩稜をめぐらし、古くから多くのバリエーションルートが拓かれてきた。山名は芦別川の水源にあたることに由来し、アイヌ語で「アシ・ペッ＝灌木の・川」を意味するという。

　一般登山道は2本。旧道はユーフレ川沿いから北尾根を辿るロングルートで、道内の夏道としては有数の難度を誇る。対して東尾根を登る新道は比較的所要時間が短く、状況もよいことから利用者が多い。両者を周回すれば高い達成感が得られるが、少しでも不安があれば新道往復をおすすめする。

コースタイム（日帰り）

累積標高差＝約1700m
登り＝7時間
下り＝2時間50分

コース評価

体力（標高差）	55点
登山時間加算	10点 B
高山度（標高）	10点 A
険しさ	10点 A
迷いやすさ	6点 B

総合点　90点［上級］

※新道往復の場合は「体力50点」「登山時間加算5点 C」「険しさ6点 B」「迷いやすさ3点 C」の計75点（上級）

映画「幸福の黄色いハンカチ」のなかで、過去を振り返る健さんの背後に西日を浴びて浮かぶのがこの芦別岳から富良野西岳にかけての山並みだ。富良野市山部付近から

■**コースガイド**(撮影=8月中旬)

旧道を登る

　このコースは定期的に整備されているわけではなく、不明瞭な箇所や草被りなどがあることを想定のうえ歩いてほしい。所要時間はパーティの人数や技量により大きく変わることがある。さらにヒグマの痕跡や目撃例も多いので注意を。

　山部自然公園キャンプ場内を抜け、林道を通って旧道登山口へ。登山道に入り、すぐにユーフレ川の川原に出る。道は左岸に沿ってあり、ほどなく大きな高巻きを越える。この後も川原歩きと高巻きを繰り返しながら上流へと向かうが、足元が不安定な箇所や鎖場もあるので注意しよう。不動ノ滝となって落ち込む支流の夫婦沢も要注意箇所で、飛び石または丸太の一本橋で渡る。左手に轟音を立てる白竜ノ滝を見ると、間もなくユーフレ小屋との分岐である。

　分岐を右に入って夫婦沢右岸の森をゆく。ゴーロ状などわかりにくい部分もあるが、テープを見落とさないようよく前方を見て。やがて笹を切り開いた道となり、標高1000m付近で涸れ沢と小さな尾根を越えて旧夫婦岩分岐に出る。このあたりは数年前に道が付け替わり、過去の資料とは状況が異なっている。ここは最終の水場でもあるので充分に補給しておこう。

　威圧感すら覚える夫婦岩の岩壁を左に見つつ急な斜面をひと頑張りすると、斜度が緩んで広々とした台地に出る。これでようやく北尾根に登り着いたことになり、時間的にも感覚的にも前半戦終了といったところだ。

　左手に双耳となった夫婦岩、右には恐竜の背のような崕山をはじめとする夕張山地の山々を見ながら、まずは目前の1444mコブを登る。夫婦岩以上の高さがあり、急な斜面でしんどいが、これを越えて初めて目指す芦別岳の姿を拝むことができる。ひときわ鋭く崇高なその姿には思わず感嘆の声をあげることだろう。

前半はユーフレ川沿いをゆく。登山靴で大丈夫だ

北尾根上から見る夫婦岩

キレットを行く。岩場を細かく上り下りする

山頂はこの岩壁の上。右のハイマツ帯から回り込む

ここからは展望の尾根歩きとなるが、同時に厳しいアップダウンの連続でもある。各々は標高差50m前後だが、数を重ねれば消耗もする。笹やハイマツを分ける場面も増え、また掘り起こしや糞などヒグマの痕跡も多い。核心部は1579mピーク先の岩稜帯、通称キレットと呼ばれる区間。道は明瞭だが険しい岩場を縫いながらの登り下りが続く。本谷に落ち込む岩壁がもの凄い迫力だ。過去には死亡事故も起きており、滑落や落石には細心の注意をはらおう。

　これを過ぎると尾根は穏やかなものとなって広いお花畑に入ってゆく。山頂が大きく迫り、ようやく「ついに来た」と実感できることだろう。山頂へは手前のハイマツ帯を大きく「く」の字に曲がりながら岩場の下に到達し、そこから右に回り込んで岩混じりの急斜面を詰める。

　高度感のある山頂は夕張山地の最高峰にふさわしい展望が広がっている。富良野盆地や十勝連峰、日高山脈はもちろんだが、意外なほど札幌方面が見渡せるのも印象的だ。

新道を下る

　よほど時間や体力に余裕がない限り、下りは新道を選ぶのがいいだろう。最初は山頂直下の急斜面。笹原に大きく電光を切りながら下る。6月下旬までは雪渓が残るためアイゼンを準備し

新道の山頂下から富良野市街方面を見る

たい。そこから左手の吊り尾根に渡り少し登り返すと雲峰山。ここは山頂から本谷、そして歩いてきた北尾根の好展望台だ。

　再び大きく電光を切って一気に高度を下げる。途中、道が浸食し大きくえぐれたところはこれ以上道を広げないよう気を配りたい。下り切ると右に小川のような熊ノ沼があり、少し登り返して半面山に着く。雲峰山、山頂ともにここで見納めとなるいっぽう、下界はまだまだ遠い。

　コースは左に向きを変え、ダケカンバの美しい尾根道を下ってゆく。時折木々の間に北尾根方面が望まれ、残雪期であればXルンゼが見られる。1107m標高点の鶯谷からは覚太郎コースが分岐しているが、整備は不定期であり下部には渡渉もあるので、特に目的がなければ使わないのが無難だ。その後は視界の利かない樹林帯を淡々と下って新道登山口へ。

雲峰山から振り返った芦別岳山頂部。早い時期は大きな雪渓が残る

半面山からダケカンバの尾根を下る

アクセス
往復＝JR根室線山部駅下車。二十線道路を西に徒歩約4km、約1時間で山部自然公園に着く。タクシーは富良野駅から約30分、約4000円。ふらのタクシー☎0167-22-5001、中央ハイヤー☎0167-22-2800。

■マイカー
国道38号山部から二十線道路を西進、約4kmで新道登山口。登山口前に約10台分、隣接する山部自然公園に広い駐車場がある。また、旧道登山口となる十九線奥の林道終点にも3、4台駐車可能。

宿泊
■山部自然公園太陽の里キャンプ場
芦別岳山麓、新・旧登山口に挟まれた広大なキャンプ場。最大1000人収容。開設＝4月下旬～10月下旬。無料。問☎0167-42-2718、3445（期間外）

■ふれあいの家
山部自然公園内にある簡易宿泊施設。食堂併設で自炊はできない。開設＝4月下旬～10月下旬。素泊り2375円から。問左記に同じ。

■ユーフレ小屋
旧道のユーフレ小屋分岐から本流沿いに約10分のところにある避難小屋。通年開放。収容25人。無料。問富良野市商工観光課☎0167-39-2312

入浴
付近には手ごろな施設が少ない。札幌方面への帰途なら、国道38号から道道135号に入ってすぐの温泉宿泊施設、ハイランドふらの（6～23時。大人510円。☎0167-22-5700）が便利。登山口から約18km。

2万5000分の1地形図
布部岳、芦別岳

前後夜泊に便利な山部自然公園キャンプ場

COURSE 20 夕張岳

ゆうばりだけ 1668m

登山口→（冷水コース）→夕張岳→（馬ノ背コース）→登山口

前岳湿原の木道をゆく。正面にガマ岩、右奥に夕張岳頂上

　夕張山地の南部に位置し花の名山としてよく知られている。蛇紋岩（じゃもんがん）の露出地があることから、ユウバリソウやユウパリコザクラなどの固有種をはじめ稀少な植物が多いのが特徴だ。いっぽう、盗掘や踏みつけ、オーバーユースなどの問題も課題とされ、登山者自身の意識の向上も求められている。

　登山道は西側の大夕張（おおゆうばり）コースと東側の金山（かなやま）コースの2本。圧倒的に利用者が多いのは大夕張側で、登山口には夕張岳ヒュッテがあり、コース後半に湿原とお花畑が連続する。2016年の台風で林道が通行止めとなっていたが、復旧工事が終わり18年からは再び通行可能になる見込みだ。

コースタイム（日帰り）

標高差＝約1090m
登り＝4時間10分
下り＝3時間

コース評価

体力（標高差）	45点
登山時間加算	5点 C
高山度（標高）	10点 A
険しさ	3点 C
迷いやすさ	0点 D

総合点　65点[中級]

左／国道452号シューパロ湖畔から見た夕張岳　上／夕張岳の固有種ユウバリソウ。花期は6月中旬〜7月上旬と早め

■ **コースガイド**(撮影＝7月中旬ほか)

冷水(ひやみず)コースから夕張岳へ

　登山ポストのある林道終点ゲートを後に林道跡を10分ほど歩くと道は二手に分かれる。右の冷水コースは割と平均的な傾斜が続き、途中には水場もある。左は夕張岳ヒュッテを経由する馬ノ背コースで、アップダウンのある尾根道だ。利用者は冷水コースのほうが多いようだが、ヒュッテに立ち寄るなら馬ノ背コースが便利。ここでは登りを前者、下りを後者でガイドする。

　右の冷水コースに入り、しばらくは歩きやすい造林道跡の道を行く。1kmほどで山道らしくなり、やや傾斜が増すなかをひと登りすると最初の水場「冷水ノ沢」に着く。水は冷たく水量も充分。そこから緩急ある道を10分ほど行くと今度は「前岳ノ沢」があるが、こちらは水量少なめだ。

　ほどなく尾根上に出て馬ノ背コースと合流する。傾斜が増してダケカンバの樹間に前岳の岩峰が被さるように迫ってくると、道はその山裾に沿うように左にトラバースを始める。草付きでさほど危険に見えないかもしれないが足元は切れ落ち、補助ロープも張られている。踏み抜かないよう注意して進もう。シラネアオイの群生地である石原平を過ぎてしばらく行った先が望岳台(ぼうがくだい)である。ここは前岳から滝ノ沢岳に延びる尾根を乗り越える地点にあたり、芦別岳や石狩平野の展望がいい。

　なおも前岳をぐるっと回り込むように進むと、徐々に夕張岳の山頂部が見えてくる。ずいぶん登った割にはその頂はまだ遠く感じられるかもしれない。しかし、この先は見どころの連続だ。期待を胸に先へ進もう。

　三番目の水場「憩沢(いこい)」から緩い登りとなり、木道が現れて前岳湿原に入ってゆく。数箇所に分かれた湿原にはワタスゲやシナノキンバイが風に揺れ、奥にはバランスのいい配置でガマ岩や山頂が並ぶ。道はハイマツや灌木のなかを小さく起伏しながら続き、男岩、ガマ岩の岩塔を見ながら進んでゆく。小さなヒョウタン池は半分ほ

冷たい水が得られる冷水ノ沢。この先も何箇所か水場があるが、ここが最も水量が多く確実だ

馬ノ背コースは全般に急な登りが多い印象

左／滝ノ沢岳を正面に見る望岳台。一帯は立派なダケカンバが多い　上／蛇紋岩崩壊地。離れた植物を見るのに双眼鏡、単眼鏡を使うのも手だ

山頂から北側の展望。芦別岳の凛々しさ、富良野盆地の広がりが爽快だ

どが湿地化しているようだ。

そしてこれを過ぎたところで現れるザレ場のような場所が、夕張岳の象徴ともいえる蛇紋岩崩壊地である。蛇紋岩地は日高山脈のかんらん岩地同様に超塩基性の貧栄養土壌が特徴で、限られた植物しか生育できない。ユウパリコザクラやシソバキスミレをはじめ小さな花々がひそと咲いているが、最近はなかなかコース上から見られなくなってしまった。だからといってコース外への踏み込みは厳に慎むこと。

ここからしばらくはハイマツと湿原が交互に現れる台地上をゆく。快適な木道の両側に咲くのはシロウマアサツキ、イワイチョウ、トウゲブキなど湿性の花々。やがて右にカーブしながら高度を上げ、熊ヶ峰と釣鐘岩の間を抜けた所が夕張岳最大のハイライト、吹き通しである。ここも蛇紋岩の露出地でユウバリソウ、ユキバヒゴタイ、ナンブイヌナズナ、ユウパリリンドウなどの珍しい花が多数見られる。崩れやすい地質と貴重な植生を守るためロープが張られている。

ここまで来たら頂上は目の前だ。吹き通しを渡ったところで金山コースが合流し、標高差150mほどのハイマツと灌木の斜面に取り付く。登りきったところは夕張岳山頂神社のあるくぼ地で、その一段上が頂上だ。

展望は素晴らしい。夕張山地や日高山脈に加え、富良野盆地越しの大雪山系や石狩平野越しの札幌近郊の山など、この山ならではの景色を存分に楽しもう。そうそう、こんな内陸ながらよく晴れた日には日本海（石狩湾）と太平洋の両方も見えるのだ。

馬ノ背コースを下る

冷水コースとの分岐まで戻ったら、これを尾根伝いに直進する。すぐに二ノ越と呼ばれる小さなコブを越え、その後は結構な斜度でぐんぐん下る。一時斜度が緩んで924mコブの一ノ越を登り返し、その後は再び見通しの利かない急斜面を下る。やがて沢の音が近くなると樹間にヒュッテの赤い屋根が見えてくる。

裸地となった吹き通しとハイマツに覆われた山頂

左／ユウパリリンドウ。8月下旬　上／ユキバヒゴタイ。7月下旬。ともに吹き通しにて

アクセス

夕張（清水沢）まで：JR石勝線清水沢駅下車。または、新札幌バスターミナル（夕鉄バス急行1時間32分、☎0123-56-5602）清水沢駅前。

清水沢からタクシー（夕張第一交通☎0123-52-4141）で約40分、概算7000円超。

■マイカー

夕張市清水沢から国道452号を芦別方面に向かい、シューパロトンネルを抜けた先で白金橋を渡ってペンケモユーパロ川沿いの鹿島林道に入る。国道から約4.7kmでゲートがあり、例年6月下旬〜9月下旬通行可能（大型車輌やマイクロバスは進入禁止）。ここから未舗装となり、約8.7kmで登山口となる林道終点ゲートに着く。ゲート手前に5、6台分の駐車スペースが数カ所あるが、シーズン中はすぐに満車となる。その場合は迷惑にならないよう路肩に順に駐車するが、週末などは1km以上手前となることもある。

なお鹿島林道の復旧工事は終了したが、状況に

よっては開通が延期になる可能性がある。その場合、徒歩での通行は可能だが、登山口まで片道約9km、2時間超かかる。問P11を参照。

宿泊

■夕張岳ヒュッテ

林道終点から徒歩20分、馬ノ背コース入り口にある山小屋。畳敷きのベッドや囲炉裏などがあり快適。食料・寝具持参。収容30人。有料（協力金）。開設＝7月上旬〜8月下旬。管理人常駐。できるだけ予約を。問夕張市教育委員会☎0123-52-3166

入浴

■レースイの湯

夕張市街入り口、ホテルマウントレースイ内にある温泉。10〜20時30分。大人700円。☎0123-52-3456

なお、日帰り温泉「ユーパロの湯」は休業中。

2万5000分の1地形図

滝ノ沢岳

2013年に再建された夕張岳ヒュッテ

COURSE 21 剣山

つるぎさん 1205m

剣山神社→剣山(往復)

剣山山頂。そそり立つ岩峰に天を突く剣！

　日高山脈主稜線上の芽室岳から東に延びる尾根上の山で、日高山脈北部の好展望台として知られる。登山口には大正年間に徳島県の劔神社から分祀した剣山神社があり、山頂に突き立てられた鉄製の剣もそれに由来するものだ。アイヌ語の山名は「エエンネエン・ヌプリ」で、意味は尖った山。

　登山道はその剣山神社から往復するものが1本。かねてからアプローチの良さと手ごろなスケールで人気があったが、台風災害によって十勝側から入山できる日高の山が限られる現在、さらに訪れる人が増えている。ただし頂上近くの梯子をはじめ危険な箇所もあるので慎重に判断して登りたい。

コースタイム(日帰り)

標高差＝約800m
登り＝3時間
下り＝2時間

コース評価

体力(標高差)	40点	
登山時間加算	5点	C
高山度(標高)	6点	B
険しさ	10点	A
迷いやすさ	3点	C

総合点　65点[中級]

清水町旭山付近から見た剣山。いくつもの岩塔が連なる山容は山麓からもよく目立つ。手前のグリーンは秋まき小麦の芽生え

■ **コースガイド** (撮影＝10月上旬)

標高差、所要時間だけを見ればハイキングレベルの山であるが、上部にいくほど険しさが増し危険箇所も多くなる。特に頂上手前の梯子は大雨によって基部の地面が流失し、岩壁に宙吊りになったような状態だ（次ページ参照）。もしも不安を感じたら——たとえ頂上直前でも——無理せず撤退する勇気を持とう。

石仏を横目に

登山口は剣山神社境内の左側。右側には手水を兼ねた水場と剣山山小屋、トイレがある。登山口を入るとすぐに道は二手に分かれるが、ここは左の尾根道に取り付く。観音巡りの石仏を見ながらひと登りし、534m標高点を越えてからはだらだらと下ったり登ったりする。やがて正面に急な斜面が迫ってきて、ようやく登山らしくなる。石仏もこのあたりで見納めだ。

ほぼ直登の道は岩が多く、適度な足場となって歩きやすい。標高750m付近の小広場からは木々の間に十勝平野の広がりがちょい見できる。ミズナラ林の急登をさらにいくと尾根の頭に出て、ここが906m標高点の一ノ森だ。左の踏み跡を辿ると展望ポイントがあり、山麓の新嵐山方面の眺めがいい。振り返ると頂上のような岩塔が見えるが、地図を見ればわかるとおりこれはまだ二ノ森あたりの高みである。

尾根上を小さく上り下りしてダケカンバ林を抜けるとにわかに斜度が増してくる。大きく口をあけたような蛙岩を見、そこから少し登ったところが二ノ森。その先で不動岩と標識のある大岩を巻き、さらに白いスラブ状の巨大一枚岩を左に見る。文字にすると慌ただしいが、実際、短い距離に次々と目を引くものが現れる変化に富んだ道なのである。

トラバース、直登、トラバース…

このあたりから稜線は岩場が目立つようになり、ルートはその右側基部をトラバースしては、岩の切れ目からロープを伝って直登する、ということを繰り返す。北西斜面のため日当たりは悪く、雰囲気はどこかひんやり湿っぽい。しかし三ノ森

登山口の剣山神社。右奥が山小屋

ミズナラが優しい木陰をつくる一ノ森

左／一ノ森を過ぎ、気持ちのいいダケカンバの林を抜ける　上／蛙岩。クジラか大蛇のようでもありますが…

最初の梯子が一番長い

三ノ森の先から頂上を見る。左奥は十勝幌尻岳

を過ぎた先の直登を登りきると、突然陽光降り注ぐ岩尾根の上に飛び出し、一気に下界方面の展望が開ける。さらに振り向いて仰げば剣が刺さった山頂の岩塔も。いったいどこから登るのかと、つい見入ってしまうが、油断は禁物、今いる場所も足元は断崖だ。その先、大岩が2つ寄り添った「母の胎内」は、いわゆる胎内くぐりで抜けてもいいが、右側を巻いても通過できる。

頂稜の右側を辿っていくと、いよいよ最大の難所、4連続の梯子である。核心部はその1発目で、冒頭で触れたように基部の路面が流失し、岩がむき出しとなって切れ落ちている。取材後に桟的な補助梯子が設置されたようだが、高所恐怖症ならずとも緊張感を覚えるところだ。梯子自体はしっかりと固定され、ぐらつくことはない。2つ目、3つ目は特に問題なく、最後の4つ目はやや足掛かりが悪いものの併設された鎖を掴んで上手く抜ける。その瞬間、天に向かって突き刺さった何本もの剣と、限りなく広い十勝の大平原が視界に飛び込んでくる。ついに岩塔上の山頂に着いたのだ。

目を南に転ずれば十勝幌尻岳からエサオマントッタベツ岳、伏美岳、芽室岳と日高北部の山々がずらりと並ぶ。だがその多くは先の台風によってアクセスの林道が損壊し、現在入山が困難な状況だ。すぐ隣の久山岳は甚大な被害を出した久山川が山頂近くから崩れているのが確認できる。これらの頂に再び立てるようになるのははたしていつになるのだろうか。

下山時は梯子や急斜面に注意するほか、三ノ森、二ノ森、一ノ森でいずれも左折するように進路を取るよう心がけよう。

頂上から西北西〜南西方向の展望

沢筋に白く土砂崩れの跡が見える隣の久山岳

登山口近くの久山川。森の中を流れていたかつての面影はない

アクセス
JR根室線芽室駅(タクシー約30分、約5600円。こばとハイヤー☎0155-34-5810)剣山神社。なお、登山口への最寄り駅は御影駅だが、タクシーはない。

■ マイカー
国道38号御影駅入り口から帯広方面に約1km進み、剣山への案内板に従って山側に入る。直進すること約5km。突き当たりを左折し、すぐの旭山市街で右折。道道859号を上った先が登山口の剣山神社。駐車場は広い。

宿泊
■ 剣山山小屋
剣山神社右手に建つ細長い山小屋。トイレ、水場隣接。電灯、薪ストーブあり。通年開放。収容50人。無料。
問 清水町都市施設課 ☎0156-62-2113

入浴
■ 国民宿舎 新嵐山荘
登山口から約19km、芽室町新嵐山にある宿泊施設。沸かし湯だが低料金で入浴できる。10時30分〜21時。大人270円。☎0155-65-2121。なお、隣接するキャンプ場は台風被害により閉鎖中(2018年現在)。

2万5000分の1地形図
渋山

COURSE 22 幌尻岳・戸蔦別岳

ぽろしりだけ 2052m・とったべつだけ 1959m

額平川コース（第2ゲート→幌尻山荘・泊→幌尻岳→戸蔦別岳→幌尻山荘・泊→第2ゲート）

北カールを左に見ながらその周囲をなぞるように幌尻岳へ

日高山脈の最高峰。北、東、そして七ツ沼の3つのカールを擁した堂々たる山容は、アイヌ語の「ポロ＝大きい、シリ＝山」に由来する山名にふさわしい。意外なことに主稜線から外れているが、それゆえに展望が素晴らしいのも魅力だ。

代表的なコースは平取町（びらとり）からの額平川（ぬかびらがわ）コースと新冠町（にいかっぷ）側からの新冠コース。後者は次項で紹介する。日高町二岐沢（ふたまた）および十勝側伏美岳から北戸蔦別岳を経由する縦走ルートは、台風災害により入山できない（2018年春現在）。

額平川コース利用者の多くは山頂を往復するのみだが、戸蔦別岳を周回すればさらに日高山脈の醍醐味に触れられよう。

コースタイム（2泊3日）

累積標高差＝約1890m
1日目＝4時間30分
2日目＝8時間50分
3日目＝4時間10分

コース評価

体力（標高差）　　　　50点
登山時間加算　　　　　15点 A
高山度（標高）　　　　10点 A
険しさ　　　　　　　　10点 A
迷いやすさ　　　　　　10点 A

総合点　95点[上級]

※行程は幌尻山荘に2泊の場合。累積標高差は第2ゲート起点。
※幌尻岳のみ往復の場合は「体力45点」「登山時間加算B」の85点（上級）

左／平取町振内付近から見た幌尻岳。左の突起は戸蔦別岳
上／エゾトウウチソウは日高山脈の固有種。額平川にて

■ コースガイド(撮影=9月上旬)

　ガイドに先立ち、このコースの注意点について触れておきたい。まず一般ルートとはいいながら、取水ダム－幌尻山荘間はほぼ沢登りといっていい行程で20回近く渡渉する。普段から水量は多めなのに加え、岩盤の山なので雨が降ると短時間で増水する。実際、増水した川に流される事故が後を絶たず、特に強行な下山によって起きるケースが目立つ。常にいわれることだが、予備日を含めた余裕ある計画を立て、絶対に無理をしないで臨んでほしい。安全性と快適性を考えて沢区間の足回りは沢靴を用意しよう。

　また近年、第2ゲートから日帰りで往復する登山者が少なからずいる。結果的には無事故でも、この山の性格・状況を考えると危険な登山といわざるをえない。幌尻山荘に最低1泊、できれば2泊することを前提に計画したい。

　登山口までのシャトルバス、幌尻山荘ととよぬか山荘の宿泊は事前予約が必要である。「電

バス乗り場、駐車場、宿泊施設を兼ねたとよぬか山荘

話が繋がらない」「すぐ満員になってしまう」などの声に応えて、2018年からオンラインで一括予約が可能になった。

　登山時期としては例年8月中旬までは混雑する。9月に入ると比較的空き、また沢の水量も減ってくる。ただし気温や水温の低下、日の短さ、台風の影響などを考慮する必要がある。

1日目：幌尻山荘へ

　登山基地となる「とよぬか山荘」からシャトルバスに乗り登山口の第2ゲートへ。1時間の林

上／林道歩きは単調だがこれも日高の奥深さとポジティブに　右／滝となって合流する四ノ沢出合。川幅が狭まるぶん、流れは強い

左／取水ダムを過ぎてすぐのへつり。鎖が架かっている　上／平常時でもこの程度の水深はある

下山した人、これから登る人で賑わう幌尻山荘

道走行だけでも山の深さを感じるはずだ。バス降り場には避難用のプレハブと簡易トイレがある。準備を整えたらさっそく出発しよう。幌尻山荘までは北海道電力の取水ダムを挟んで前半が約7.5kmの林道歩き、後半が額平川の遡行となる。林道はそこそこアップダウンがあり、またかなり高い場所から河床を覗き込むような場所もあって、早くも日高山脈の険しさが伝わってくる。幌振橋を渡り、二ノ沢、三ノ沢と数えるとまもなく取水ダムに着く。

ここで沢靴に履き替え、右岸の歩道に入る。すぐに鎖の架かった岩場のへつりが待っている。眼下の急流に緊張感を覚えるかもしれないが、足元はカッチリしているので落ち着いて通過しよう。その後はほぼ中間点となる四ノ沢出合付近まで右岸に道がついている。

大きく岩が張り出し函状になったところで、最初の渡渉点を迎える。すぐ上流に滝となって注ぐ四ノ沢出合があり、流れも強いので慎重に。ここを皮切りに以降は渡渉の連続となる。渡渉点には赤テープやペンキの目印があるが、状況が変わることもあるので適宜判断が必要だ。正面高くに主稜線が見えてくると渡渉は一段落し、再び右岸に沿った道を辿る。やがて対岸に小屋が見えてきて、最後に左岸に渡って到着だ。

幌尻山荘は管理人が常駐しており、就寝スペースや荷物置き場について指示がある。常時混んでいるのでそれに従い、お互いに譲り合って気持ちよく利用したい。

2日目：幌尻岳から戸蔦別岳へ

シュラフや炊事用具など不要な荷物は小屋にデポして行こう。小屋から幌尻岳までは整備が行き届いた快適な道だ。まずは急なつづら折りでぐいぐいと高度を稼いでいく。周囲はアカエゾマツやトドマツの針葉樹林で視界はあまり利かない。ここはガマンの登りである。

標高差500mほど登ったところで大きく左に折り返しトラバース気味に登る。前方が明るくなってきて尾根の頭に出ると1497m標高点で、戸蔦別岳の稜線が望める。再び折り返して

上／岩盤から水がしたたり落ちる命の泉　右／登るほどに展望が開ける北カール。右奥の台形の山は北戸蔦別岳、左奥にチロロ岳

ダケカンバの尾根をゆけば、ほどなくして命の泉。水場は斜面をトラバースした先にあり、水量は少なめだが、岩盤から冷たい水がしたたっている。ただし秋には涸れ気味となる。

ここからぐんと斜度が増す。ハイマツ帯に入り、岩を乗り越えるごとに開けていく展望が嬉しい。そしてこれを登り詰めると同時に北カールとその奥の幌尻岳が視界に飛び込んでくる。カールを囲む壁の突端に立ったのである。カールは氷河による侵食地形で、日本で見られるのは本州の中部山岳と日高山脈だけ。特に日高山脈のそれは、規模としては若干小さめながら顕著な地形が多く見られるのが特徴だ。ここに氷河があったころの光景を想像してみたい。

道は馬蹄形となったカール壁に沿って登ってゆく。足元はチングルマやエゾツツジなどが咲き、高度が上がるとピパイロ岳や北戸蔦別岳、チロロ岳などが姿を現す。南にイドンナップ岳の山並みが見えてくるとルートは大きく左に回り込み、ハイマツ混じりの岩稜を行くようになる。右に新冠コースの大岩を見ると、ほどなく同コースと合流。頂上まではもう指呼の間だ。

カムイエクウチカウシ山、1839峰、エサオマントッタベツ岳――頂上からは日高の名峰が一望でき、次なる目標に胸が躍ることだろう。

何はともあれ登頂写真、という人も多い

さて、この先の戸蔦別岳経由のルートだが、ガレ場、ハイマツ被り、不明瞭箇所、大きな登り返しなどがあり、明らかに難度が増す。少しでも不安があれば往路を幌尻山荘に引き返そう。

山頂から小さく起伏しながら戸蔦別岳方面に向かう。踏み跡は明瞭で、岩とハイマツの稜線にはチングルマが目立つ。2010mコブを越えて高度を下げていくと、突然足元の地面がなくなったような感覚にとらわれ、空間いっぱいに七ツ沼カールと戸蔦別岳が現れる。「肩」と呼ぶ地点で幌尻岳きってのビューポイントだ。ここまで足を伸ばして引き返すのもいいだろう。幌尻岳山頂から片道40分ほどだ。

落石や滑落に注意しながら急斜面をジグザグに下り、次第に細くなる稜線上を鞍部に向かう。ハイマツが被るところもあるが道は明瞭で、

肩から見る七ツ沼カールと戸蔦別岳。紅葉の時期もみごとだ

かんらん岩地を1881mピークへ

落ちるような角度の六ノ沢への下り

見た目ほどの険しさも感じられない。1766mコブを挟んで前後の鞍部から七ツ沼に下る踏み跡があるが、途中は極めて急でガレている。また七ツ沼でのキャンプは禁止されている。

　鞍部から戸蔦別岳への登り返しは標高差約200m。肩から見た通りの急登であるが、広がる景色を楽しみながら淡々と登ればひと息半ほどだ。振り返って眺める幌尻岳がまた格別で、2つのカールを両腕に抱え揺るぎない存在感を漂わせている。

　さて、戸蔦別岳は国境稜線上の山である。そして1881mピークまでの吊り尾根はつかの間の"主脈縦走"だ。かんらん岩の露出地で珍しい花も多く、特にユキバヒゴタイの多さが目を引く。1881mピークで稜線と分かれて六ノ沢へと下るが、明確な道標はなく、視界不良時は下り口が少しわかりにくいかもしれない。

　この道はいかにも日高の山らしい一本調子のド急傾斜で、水平距離1300mに対して標高差800mという強烈さだ。序盤はハイマツと岩場のミックスで両手足を使って急降下。次にハイマツ帯でジグザグを切り、1550m付近から美しいダケカンバ林に入る。斜度が緩むことなくひたすら下り続け、沢の音が大きくなって笹原に出ると六ノ沢である。沢を少し下った本流手前に右へ入る踏み跡があり、幌尻山荘手前まで概ね道がついている。ただ所々ぬかるんだり川縁を歩き、最後は本流を渡渉するので、六ノ沢で沢靴に履き替えた方が有利だろう。この日も幌尻山荘に宿泊する。

3日目：最後まで気を緩めずに

　最終日は幌尻山荘から第2ゲートまで戻る。シャトルバスの時間から逆算し余裕を持って出発しよう。ただし雨の後は沢が増水していないかよく確認し、異変や不安を感じたら停滞して水が引くのを待つべきだ。事故はコース終盤、特に四ノ沢出合付近で多く起きている。

アクセス
JR日高線富川駅(道南バス日高行き約1時間☎01457-2-2311)振内案内所(タクシー約20分、約3300円。振内交通☎01457-3-3021)とよぬか山荘(町営シャトルバス1時間、2000円、要予約。問とよぬか山荘☎01457-3-3568)第2ゲート。日高線は災害運休のため鵡川駅-富川駅間は代行バス乗車。富川までは札幌発の道南バス「ペガサス号」も利用可。ただしいずれも本数は少なく、接続も限られる。
　またはJR石勝線占冠駅(タクシー約1時間、約1万3000円。振内交通)とよぬか山荘(以下同)。

■ マイカー
国道237号振内市街から日高方面に約3km、案内板に従って道道638号に入り約9kmでとよぬか山荘。車は山荘に駐車し、シャトルバスで第2ゲートに入る。

宿泊
■ とよぬか山荘
旧豊糠中学校を利用した相部屋の宿泊施設でシャトルバスの発着点にもなっている。開設＝7～9月。要予約。収容24人。☎01457-3-3568

■ 幌尻山荘
額平川五ノ沢出合にある管理人常駐の山小屋。完全予約制。食料、寝具は持参。開設＝7～9月。収容50人。1泊1500円。予約フォーム：http://horoshiri-biratori.jp/　平取山岳会☎01457-3-3838（4月：9～12時、13～16時。5～6月：9～12時）。とよぬか山荘☎01457-3-3568（7～9月：7～21時）

入浴
■ びらとり温泉ゆから
二風谷地区のモダンな温泉ホテル。レストラン併設。10時～22時。大人420円。☎01457-2-3280

2万5000分の1地形図
二岐岳、幌尻岳

COURSE 23 　幌尻岳
ぽろしりだけ 2052m

新冠コース（イドンナップ山荘→新冠ポロシリ山荘・2泊→幌尻岳、往復）

コース上部からの展望。中央にカムイエクウチカウシ山、その右手前にナメワッカ岳

　額平川コースのような沢の遡行がないことから、近年、本州方面からのピークハンターを中心に利用者が急増しているコース。とはいえ、そこは日高の山だけに登山道の状況や山深さからくるリスクなど、総合的な難度は高い。また利用者の増加に伴って新冠ポロシリ山荘の宿泊に事前申請や届け出が必要となるなど、いくつか注意事項がある。小屋を管理する新冠ポロシリ山岳会のホームページで事前に確認し、ルール遵守・マナー向上に努めてほしい。なお本コースはNHKのBS番組で田中陽希さんが歩いたことにちなみ、同山岳会によって「幌尻岳新冠陽希コース」と名付けられた。

コースタイム（2泊3日）
累積標高差＝約2180m
1日目＝5時間50分
2日目＝6時間30分
3日目＝5時間30分

コース評価
体力（標高差）	50点
登山時間加算	5点 C
高山度（標高）	10点 A
険しさ	6点 B
迷いやすさ	6点 B

総合点　75点［上級］

※行程は新冠ポロシリ山荘に2泊の場合。
累積標高差はイドンナップ山荘起点。

新冠市街のレ・コードの湯から見た幌尻岳。直線距離で約50kmあるが、その存在感はさすが日高の盟主だ。右隣はイドンナップ岳

■ コースガイド(撮影＝9月上旬)

1日目：新冠ポロシリ山荘へ

　新冠ポロシリ山荘に通じる林道は北海道電力の管理道路で、その厚意により登山者は徒歩でのみ通行が可能となっている。また近年ヒグマの出没が常態化しており、新冠ポロシリ山岳会では日の出前・日没後の歩行を謹むよう呼びかけている。特にイドンナップ山荘からの日帰り強行登山はやめてほしいとのことだ。

　イドンナップ山荘を後に林道を進むとすぐにゲートのあるY字路となり、これを右に入る。林道は片道19kmと長丁場な上にアップダウンも大きいので、焦らず行こう。断崖を穿った道からは、時折イドンナップ岳やナメワッカ岳が見え、歩くほどに日高の山深さが感じられるはずだ。

　大理石沢（四角い大岩のある沢の次の沢）がほぼ中間点。さらに進んでハングした岩をくぐり抜けると奥新冠ダムが見えてくる。1963年竣工のアーチ式ダムで、よくこんな山奥にと驚かされるが、実際多くの犠牲者が出た難工事だったという。ダム湖を離れて森の中を登っていけばやがて新冠ポロシリ山荘に着く。

　無人小屋だが混雑するので、壁の注意事項をよく読み、譲り合って利用しよう。

2日目：幌尻岳往復

　小屋の屋根越しに頂上の一角を見て出発。小屋の左側から幌尻沢右岸に沿った道に入り、ほどなく急斜面の高巻きを越える。距離は短くロープもあるが滑りやすい。その先で支沢を渡り、被り気味の草や笹を分けながら行くと幌尻沢の二股に出る。左股の本流を飛び石で渡り、二股間の尾根に取り付くのだが、その後は急登続きとなるのでひと息入れていこう。

　尾根は初っ端から足が滑るような急勾配で、時折斜度が緩んだかと思うのもつかの間、すぐにまた急になる。1261m標高点付近の痩せた岩稜は注意して通過しよう。

　その後も単調な急登が続くが、そのぶん高度

上／登山口となるイドンナップ山荘と駐車場。傍らに「幌尻岳新冠陽希コース」の碑がある　右／急峻な渓谷を穿って延々と林道が続く。この林道だけでも難工事だったはず

『日本百名山』にも登場する奥新冠ダム　　新冠ポロシリ山荘。右はバイオトイレ。大切に使おう

の上がるピッチも早い。道が左に折れて斜面を横切るようになると、標高は1600m付近。ガレ場となった沢の源頭は最後の水場で水量も充分ある。ただ、この先のお花畑とともに早い時期（概ね6月いっぱい）は急で硬い雪渓が残り、ピッケル、アイゼンとそれを使える技術が必要だ。

そのお花畑に入っても急傾斜は緩まない。頭上高くに見える大岩を目印に一歩一歩登るのみだ。右にカムエクやナメワッカ、背後にはイドンナップ岳と雄大な眺めが励みになる。やがて大岩の横を通り過ぎれば辛かった急登もようやく終わり。稜線に出て額平川コースと合流し、頂上へと導かれる。時間が許せば肩まで足を伸ばして七ツ沼カールを見るのもいい（前項参照）。

転倒や滑落の危険性は下山時のほうがはるかに高い。注意して小屋に戻ろう。

3日目：イドンナップ山荘へ

再び19kmの林道を歩いて帰る。が、その前にお世話になった小屋の掃除も忘れずに。

左／前半は幌尻沢に沿って行く。崩壊気味や草被りのところもある　　上／幌尻沢の渡渉。増水しても比較的水の引きは早いので無理をしないこと

沢源頭の水場。転倒、滑落の最も多い場所につき注意

大岩まで来れば稜線も頂上も近い

アクセス

新冠まで：JR日高線新冠駅下車。ただしJR日高線は災害運休のため鵡川駅ー新冠駅間は代行バス乗車。または、札幌駅前（道南バス「ペガサス号」2時間30分、☎011-865-5511）新冠。

新冠からイドンナップ山荘までタクシー約1時間40分、約1万6000円（北海交通☎0146-42-1141）。

■マイカー

国道235号新冠市街手前から道道209号に入り、「泉」集落から新冠ダムへと続く町道へ。町道ゲートから未舗装の林道。途中、新冠ダムの堰堤を渡り、町道ゲートから約38kmでイドンナップ山荘に着く。普通車で走行可能だが、常時ライトを点灯し充分注意を。途中に標識などはない。駐車場は山荘前に約30台分。ゲート前や林道上には駐車しないこと。なお、2018年は7月1日以降から入山可能となる予定。

宿泊

■新冠ポロシリ山荘

奥新冠ダムの奥にある避難小屋。収容30人。維持管理協力金1泊1000円。利用の際は事前に新冠ポロシリ山岳会に申請書・利用届を提出する。詳しくは同山岳会ホームページ（http://poroshiri.info/index.

html)を参照。問新冠ポロシリ山岳会 tu-hide-zipang@north.hokkai.net（メールのみ）。
■**イドンナップ山荘**
奥新冠発電所ゲートの手前、実質的な登山口にある。要許可届、協力金。問新冠ポロシリ山岳会（同上）

入浴
■**新冠温泉　レ・コードの湯**
新冠市街にほど近い。ホテル、レストラン併設。5～8時、10～22時。大人500円。☎0146-47-2100

2万5000分の1地形図
ヌカンライ岳、新冠湖、幌尻岳

COURSE 24 神威岳

かむいだけ 1600m

神威山荘→神威岳（ニシュオマナイ川コース、往復）

神威岳頂上から国境稜線上にソエマツ岳を見る

日高山脈中南部、十勝・日高国境稜線上に位置し、南に連なるソエマツ岳、ピリカヌプリとともに南日高三山と称される。どっしりとした風格ある山容は太平洋岸からもよく目立ち、南日高の盟主ともいえるものだ。山名はアイヌ語で「神の山」を意味するカムイ・シリまたはカムイ・ヌプリの転訛だろう。

登山道は西側からニシュオマナイ川に沿ってつけられている。日高の多くの夏道で見られるように前半は沢を辿り、その後一気に尾根を駆け上がるというもので、国境稜線上の「道のある山」として貴重な存在といえる。登山口に山小屋、神威山荘があるのもうれしい。

コースタイム（日帰り）

標高差＝約1220m
登り＝4時間30分
下り＝3時間10分

コース評価

体力(標高差)	50点
登山時間加算	5点 C
高山度(標高)	10点 A
険しさ	6点 B
迷いやすさ	10点 A

総合点　80点[上級]

新ひだか町三石の道の駅から見た神威岳。右がソエマツ岳、左がニシュオマナイ岳。「シェーン、カムバック」の声が聞こえてきそう

■ **コースガイド**(撮影＝9月下旬)

　本コースは沢登り的な要素を含み、また笹刈りなど定期的に整備がされているわけではない。登山道があるとはいっても人気山域のそれとは事情が異なり、随時、的確な判断や確認を求められるような登山になることを最初にお伝えしておきたい。

　コース前半はニシュオマナイ川に沿ってゆく。随所に渡渉があり、また場所によっては踏み跡を探すよりも沢を行った方が早い(楽しい)ケースもあるので、足回りは沢仕様が有利だ。いっぽう尾根に取り付いてからは長い急登となるので登山靴の方が歩きやすく足を痛めにくい。途中で履き替えるのがいいだろう。

ニシュオマナイ川に沿って

　神威山荘前の小沢をわたり、ニシュオマナイ川左岸の造林道跡を行く。ほどなく最初の渡渉点で、水深は浅いものの川幅があり、また石が滑りやすい。右岸に渡ってからも造林道跡の広い道が続くが、土砂崩れ跡などを機に次第に山道へと化してゆく。

　やがて沢に行き当たる。通称430m二股と呼んでいるが、実際は左股に少し入った地点である(下流側を覗くと合流点が見える)。ルートはその左股を渡り、対岸の小尾根を越えて右股(本流)に出たのち上流に向かう。間違えてそのまま左股を遡行するケースがあるようなので注意したい。また帰路は本流から小尾根への入り口を見落としやすい。そのまま二股に下ると函状の深みとなってしまうので、行きによく確認しておこう。いずれもテープで示されているので見落とさなければ大丈夫だ。

　本流に出たらすぐ左岸に渡り、河畔林の中の踏み跡を行く。しかし倒木や笹被りで不明瞭なところや、近年の台風などで状況が変わったと思われるところも随所に見られる。踏み跡や渡渉点を示すテープには留意しつつも、歩きやすい所は沢を行くなど、適宜判断しながら進むといいだろう。途中には小さな滝も見られ、淵を覗くとオショロコマの魚影が走ったりと心和むひとときも……。

登山口の神威山荘。しっかりしたつくりの快適な小屋

出発して間もなく最初の渡渉

524m二股を過ぎると次第に荒れた渓相となる

尾根取り付き点。いくつもペンキ印が記されている

524m二股は正面の右股が明るく開けて目立つが、コースは左股に入る。このあたりから徐々に谷が狭まり、傾斜も増す。とともに土石と流木が大量に堆積し、これらを乗り越えながら進む場面が増える。そんななか左右に目を配れば、ピンクの穂を揺らす日高山脈の固有種エゾトウウチソウを見られるかもしれない。

　710m二股は右に入る。山頂直下まで突き上げる直登沢だ。すでに水流はだいぶ細くなり、谷を埋める大小の岩の上を辿りながら行く。やがて、やや沢幅が広がって真ん中にペンキの矢印が記された大岩が現れたら尾根の取り付き点である。靴を履き替え、水の補給もしていこう。なお、現行の地形図（平成18年版）に記されたルート線は誤差があるようで、実際の取り付き点は地形図より手前の標高約750m地点である。

急登に耐えながら———

　大岩の矢印と赤テープを目印に右岸の踏み跡に入る。いきなり胸を突くような急登が始まり、細かいジグザグ、時に直登でどんどん高度を稼ぐ。入り口付近の針葉樹林がまたたく間にダケカンバ林に変わってゆく感じだ。深い笹被りで足元も行く先もよく見えず、左右からわさわさと顔や頭を撫でられるが、両手で分けてみれば道自体は明瞭で地面もしっかりしている。

　大きな岩がある標高1150m付近、および1250m付近で一瞬斜度が緩む。しかしそれもほんのわずかで、すぐにまた壁のような急斜面に飲み込まれてしまう。木々の間から左手に見える丸いピークは地形図上の1493m標高点、通称ニシュオマナイ岳だ。

　そのピークとほぼ肩を並べる高さまで来ると日高山脈の主稜線＝十勝と日高を分ける国境稜線分岐である。分岐といっても明瞭な尾根が分かれるわけでも道があるわけでもなく、迷い込み防止を兼ねた標識があるのみだ。その先でハイマツが出てくるとようやく急登から解放され、前方左手にコブをふたつ並べたような頂上が見えてくる。右手に見える険しい岩壁は、先ほど尾根取り付き点で別れた直登沢の源頭部だ。

　ハイマツの尾根から左に進路を変えコブの腹を斜上するように登ってゆく。するとコブに見えたところは山頂手前の小さな肩で、そこからわずかにハイマツを分ければ頂上である。北にニシュオマナイ岳、中ノ岳を前にしたペテガリ岳がよく目立ち、そこから屏風のように連なる長大な東尾根、別名早大尾根を追うことができる。1839

尾根上は概ねこんな感じである

標高1250m付近で一瞬斜度が緩み、ニシュオマナイ岳が姿を見せる

頂上直下から北方の展望。遠方中央やや右にペテガリ岳、左に1839峰

峰も特徴的なシルエットで一目瞭然。さらに東にはナイフリッジで結ばれたソエマツ岳が大きく聳え、ピリカヌプリ、トヨニ岳、楽古岳と南日高の主脈が続く。

下山は往路を戻る。笹被りで足元が見えない急斜面や滑りやすい沢の石に注意し、集中力を切らさずに下って行こう。

凝った彫刻の山名板。裏側の絵柄がユニーク

アクセス

利用できる公共交通機関はない。タクシーが利用できる最寄り駅はJR日高線浦河駅で、登山口の神威山荘まで約1時間、料金は概算で1万円程度。要予約。日交ハイヤー☎0146-22-3151

なお、JR日高線は災害運休のため、鵡川駅－浦河駅間を代行バス運行。本数、接続とも限られる。札幌から浦河へは道南バス「ペガサス号」（3時間45分、2930円、☎011-865-5511）が便利。

■マイカー
国道235号荻伏(おぎふし)から道道348号に入り、ひたすら道なりに進む。上野深を過ぎ、道道746号を横切って1.3kmでゲート（開放）。その先から未舗装の元浦川林道(もとうらかわ)となり約20kmで神威山荘に着く。国道から約37km。普通車でも通行可能だが、状況は決してよいとは言えない。大雨の後などは通行止になることもあるので確認をを（日高南部森林管理署☎0146-42-1615）。

宿泊・入浴

■神威山荘
登山口にある無人小屋。食料、寝具持参。水は小屋前の小沢で得る。通年開放。収容20人。無料。問浦河町ファミリースポーツセンター☎0146-22-3953

■柏陽館
道道348号沿い、上野深にある研修施設で、一般利用も可。宿泊、食堂、銭湯、キャンプ場など設備充実。素泊り2200円。入浴は13～21時。大人400円。水曜休。☎0146-27-4544

2万5000分の1地形図
ピリガイ山、神威岳

COURSE 25 楽古岳

らっこだけ 1471m

楽古山荘→楽古岳（メナシュンベツ川コース、往復）

山頂直下、最後の登り。背後には登ってきた尾根や遠く太平洋の海岸線が

　天を突くようなピラミダルな姿が特徴の楽古岳。山頂からの展望は日高山脈の脊梁とそこから派生する尾根が幾重となく波のように続き、圧巻のひと言である。また南方に目をやれば、最後まで険しさを保ちながら徐々に太平洋へと沈んでゆく山脈にどこか哀愁を感じさせられたりもする。

　日高山脈国境稜線上で登山道のある山としてはもっとも南に位置し、現在は浦河側からのメナシュンベツ川コースが一般に登られている。かつては広尾側の札楽古川からのルートもあったが、廃道化が進んでいるうえに2016年の台風でアプローチの林道が使えなくなった。

コースタイム（日帰り）

標高差＝約1120m
登り＝3時間30分
下り＝2時間30分

コース評価

体力（標高差）	45点
登山時間加算	5点 C
高山度（標高）	6点 B
険しさ	6点 B
迷いやすさ	6点 B

総合点　70点[中級]

楽古山荘に続く林道から見た楽古岳。地形図からも読めるほぼ四角錐の山頂部は、どこから見てもピラミッドのよう

■ コースガイド(撮影＝9月下旬)

台風の爪痕を見ながら

　コースは沢を辿った後に急な尾根に取り付くという典型的な日高の夏道パターンである。他の日高の山に比べれば踏み跡も渡渉もわかりやすいほうではあるが、台風や大雨の影響で相当に荒れたり状況が変わった箇所もある。こまめに付けられた目印を見落とさないよう注意していこう。

　林道終点にはロッジ風の立派な山小屋、楽古山荘が建ち、前夜泊に便利だ。蛇口の水は飲用不可(要煮沸)なので持参のこと。また利用の際は必ず名簿に記名しよう。

　登山口は林道を挟んで楽古山荘の向かい側。入山ポストもここにある。広い造林道跡に入るとすぐにメナシュンベツ川の渡渉が待っている。尾根取り付きまでには計6回の渡渉があるが、川幅は最初のここが一番広い。以前置かれていたコンクリートの飛び石は大雨で流失した。なお、取材時はいずれも飛び石伝いに渡れたが、水量と場所の見極めにも左右されるだろう。沢靴までは必要ないと思われるが、長靴を用意してもいい。

　造林道跡は対岸へと続き、これを上流に向かう。伐採後の更新だろうか、道の両側には若いシラカバが目立つ。15分ほど歩くと小さな広場で造林道は終点となり、そこから河畔林に入っていく。林床はコケとシダが美しく、しっとりといいい雰囲気の道だ。

　しかし、やがて様子は一変。いたるところで土石流の跡と根こそぎ折り重なったダケカンバや針葉樹の流木を目にするようになる。台風の痕跡とはいえあまりの荒れ模様に唖然とさせられよう。ちょっとした流路の違いで何事もない箇所があるのも不思議だ。こうした場所では踏み跡もなにもないが、進路は新たなテープやペンキ印でまめに示されている。木々がなくなって空が広がった川原からは、これから登る急な尾根やその奥に続く楽古岳山頂が見える。

楽古山荘と登山口。駐車は山荘前に

最初の渡渉。かつての人工飛び石は流された

上／シダとコケに覆われた河畔林。特に斜光が差し込む朝は幻想的　右／標高800m付近を行く。ミズナラやカエデ類が多い

ピラミッドの頂点へ

再びコケとシダがきれいな河畔林になると上二股で、その少し先から尾根に取り付く。目印は木に掛かった「登山道取付」という標識だ。道は急な斜面をジグザグを切って登り、明瞭でしっかりとしているが、笹被りは深めである。ダニも多いので衣類や首筋などに付いていないか、まめにチェックしよう。標高650m付近でいったん斜度が緩み、顕著な尾根に乗る。周囲にはミズナラが目立つ。その後は緩急つけながら──といっても全体としてはほぼ一直線の急な登りで高度を稼ぐ。時折、木々の間から見える浦河方面の海岸線が、南日高にいることを感じさせてくれる。

標高1100m付近で稜線方面の展望が開け、右手に大きな三角形のピークが目に入る。一瞬頂上かと思う山容だが、これは楽古岳の南にある1365mピークで通称ポン楽古岳と呼ばれるもの。本家楽古岳の山頂を望むにはさらにもう50mほど登らなければならない。もっともそこから見る楽古岳も手前の1317mの「肩」のボリュームが大きく、本来の凛々しさも高さもいまいち感じられないのだが……。

ハイマツの出てきた急斜面をジグザグ時々直登で登りきってその肩に立つ。ここで進路は右に折れ、斜度の緩んだ痩せた尾根上を辿るよう

1150m付近から見上げる山頂(右奥)と肩

になる。ハイマツと低く曲がりくねったダケカンバ、ナナカマドを分けながらゆくと、まさにピラミッドのようなリッジの利いた山頂が見えてくる。これほどキレのいいフィニッシュで迎えてくれる山頂もそうそうないだろう。

冒頭で触れた通り、山頂からの日高山脈の展望は感動的だ。加えて目を見張るのは東側の十勝平野の広がりと大きく弧を描く太平洋の海岸線。その十勝平野に向かって足元からまっすぐに延びる何本もの尾根の様子も印象的だ。プレートの衝突が成因という日高山脈だが、その山並みを前にしながら1300万年にもおよぶ造山活動に思いを巡らせると、時の経つのを忘れそうになる。おっと、遠くばかりを眺めていたけれど、山頂一帯は花もみごと。下山は急斜面と渡渉に注意しながら往路を戻ろう。

山頂から日高山脈北方を望む。沢筋には台風の爪痕が目立つ

南方に続く山並みを背に

肩から見たピンネシリ、アポイ岳方面

アクセス

利用できる公共交通機関はない。タクシーが利用できる最寄り駅はJR日高線浦河駅で、登山口の楽古山荘まで約50分、料金は概算で8000円程度。要予約。日交ハイヤー☎0146-22-3151。

浦河まではP119神威岳の項を参照。

■マイカー

国道235号日高幌別から国道236号に入り、約20km走ったところで(113kmポスト付近)右折する。入り口には楽古岳への標識があるが、木に隠れて見えにくい。すぐに陽春橋を渡りメナシュンベツ川沿いの林道を道なりに約8.8kmで楽古山荘に着く。状況により最後はやや荒れ気味のこともあるが、普通車でも通行可。山荘前に20台程度駐車可能。山荘にトイレあり。

宿泊
■楽古山荘

登山口前にある無人小屋。寝具、食料持参。小屋の水道は要煮沸。通年開放。収容40人。無料。問浦河町ファミリースポーツセンター☎0146-22-3953

■オロマップキャンプ場

国道236号西舎から道道746号に入り、日高幌別川右岸を約7kmさかのぼる。開設=7〜8月。無料。問浦河町ファミリースポーツセンター(同上)

入浴
■みついし昆布温泉 蔵三

国道235号沿い、新ひだか町三石の道の駅に隣接。登山口から50km弱。10〜22時。大人440円。
☎0146-34-2300

2万5000分の1地形図

楽古岳

COURSE 26 アポイ岳

あぽいだけ 810m

アポイ山麓自然公園→アポイ岳→幌満お花畑→アポイ山麓自然公園

馬ノ背から山頂へ。足元には小さく可憐な花がたくさん咲き、なかなか前に進まない

　花の山の代表格といえる山で、特に固有・希少種の多さで知られる。頂上付近の高山植物群落は国指定特別天然記念物。またかんらん岩の露出地と特殊な植生が評価され2015年にはユネスコ指定世界ジオパークに認定された。いっぽう盗掘やオーバーユースなどの課題も依然深刻だ。山名はアイヌ語で「アペ・オ・イ＝火のたくさんあるところ」を意味し、昔、鹿が獲れるよう火を焚いて神に祈ったことによるという。
　コースはアポイ山麓自然公園からの旧道とそこから派生する幌満（ほろまん）お花畑コースが一般的だ。その他北のピンネシリへの縦走路がある。新道と幌満コースは閉鎖された。

コースタイム（日帰り）

標高差＝約740m
登り＝2時間30分
下り＝2時間30分

コース評価

体力（標高差）	40点
登山時間加算	0点 D
高山度（標高）	3点 C
険しさ	0点 D
迷いやすさ	0点 D

総合点　45点［初級］

※コースタイムの下りは幌満お花畑経由のもの

左／アポイ山荘前から見たアポイ岳　右／アポイ岳固有種の1つ、アポイクワガタ。馬ノ背付近で多く見られる。花期は6月

■ コースガイド (撮影=6月上旬)

アポイ岳の花は5月上旬から9月上旬まで季節を追って次々に咲く。なかでも人気の花が多く咲くのは5、6月。そのいくつかを挙げてみよう。5月上旬にアポイタチツボスミレ、サマニユキワリ、ヒダカイワザクラなどが咲き始め、中旬からはアポイアズマギク、エゾキスミレ、ミヤマオダマキなど。6月に入るとアポイゼキショウ、アポイクワガタと続く。アポイ岳ジオパークのホームページで開花時期を確認して出かけるといいだろう。

旧道からアポイ岳へ

スタートはアポイ岳ジオパークビジターセンターの裏。携帯トイレの回収ボックスも設置されている。ポンサヌシベツ川に沿った未舗装路を行くと入山ポストがあり、横には今咲いている花の案内板があるのでチェックしていこう。その先で道なりに橋を渡り、200mほどで右折して旧道に入る。直進する新道は通行止め。入ってすぐの小沢は雑草の種子を持ち込まないための靴底洗い場で、ブラシが置かれている。

早くも一合目を過ぎ、しばらく平坦な針広混交林を進んだのち、斜面を横切るように少しずつ登りにかかる。足元にはエゾオオサクラソウ、目線の高さにはハクサンシャクナゲが多い。沢のほとりの第4休憩所を過ぎて三合目の標識を見ると、斜度が増して左から「通行止め」の札が掛かった新道が合流する。さらに谷地形の薄暗い針葉樹林をひと登りで尾根上の五合目に出る。レンガ積みの避難小屋があり、近くに携帯トイレ用ブースも設営されている。周辺はヤマツツジが多く、見上げれば馬ノ背から山頂にかけての稜線、眼下には登山口の公園や太平洋の海原といい眺めだ。

ここからは岩がゴツゴツとした急な尾根を登ってゆく。六合目を過ぎて森林限界を迎えると、足元にアポイアズマギク、アポイクワガタ、サマニユキワリといった花たちが見られるようになり、俄然気分が高揚してくる。こうした植物を育むのが先ほどから周囲に露出している岩——かんらん岩である。地下のマントルが地表に現れたもので世界的に珍しいという。日高山脈では他にも

ビジターセンター奥の駐車場

一合目の靴底洗い場。しっかり洗い落とそう

五合目までは随所に休憩ベンチがある

避難小屋のある五合目。眼下には太平洋の展望

チロロ岳や戸蔦別岳などの稜線で見られるが、アポイ岳は簡単にアプローチできることで有名になった。ちなみに「かんらん（橄欖）」とはオリーブ（またはその誤訳）のことで、岩の表面は黄褐色だが内部は緑色をしている。

そんな自然観察を楽しむうちに稜線上の馬ノ背に着く。神威岳、ペテガリ岳といった南日高の山々に加え、遠くイドンナップ岳が意外な存在感を持って望まれる。しばらく平坦な尾根上をゆき、幌満お花畑への道を右に分けると、山頂への急登が始まる。だが、ここでもミヤマオダマキ、チングルマ、サマニユキワリと賑やかに咲き誇り、疲れを感じる前に登りきってしまうだろう。

ハイマツ帯からダケカンバ林に入ると（普通は逆だが……）ほどなく頂上だ。一等三角点の横に祠が祀られた山頂は周囲を木々に囲まれて展望は今ひとつ。ピンネシリ方面に少し行くと楽古岳が見える。

幌満お花畑へ

山頂から南に延びる尾根に入る。若いダケカンバ林に広がる笹原のなかを、徐々に斜度を増しながら下っていく。ダニが多いところなので、時折ついていないかチェックしよう。左手に見えるのは豊似岳、オキシマップ山、ルチシ山など日高山脈最南の山々、さらにその先には襟裳岬も。やがてハイマツ帯に入ると視線の先に裸地となった鞍部が見えてくる。これが幌満お花畑である。途中、標高680m付近で右に分かれる踏み跡があるが入らないこと。尾根筋をまっすぐ下るのが正しい。

幌満お花畑はかつてヒダカソウの名所として知られたが、盗掘やハイマツの侵入などにより今はまず見られない。しかしアポイアズマギクやエゾルリムラサキなどほかにも植物はあるので決してコース外には立ち入らないように。またかつての幌満コースは閉鎖され通行できない。

お花畑からはアカエゾマツの林をトラバースして馬ノ背へと戻る。展望はないがコケの美しい林床にエゾオオサクラソウが映える静かな道だ。やがて右手から山頂への道を行く登山者の声が聞こえてきてほどなくこれと合流する。あとは往路を戻るのみである。時間の許す限り花と展望を楽しんでいこう。

馬ノ背からの南日高の展望。左奥はイドンナップ岳

ダケカンバが生えた山頂

上／取材時に見たヒダカソウはかろうじて1輪　右／幌満お花畑のトラバース道はエゾオオサクラソウが多い

幌満お花畑はハイマツの侵入などでお花畑自体が縮小傾向だという

下山後に復習

登山中に湧いた疑問や好奇心はアポイ岳ジオパークビジターセンターでその日のうちに復習していこう。花や地質などの詳しい展示物のほか、登山や開花の情報も得られる。

開館：4～11月の9～17時（期間内無休）。入館無料。☎0146-36-3601

アクセス

往復＝JR日高線様似駅（JR北海道バス、襟裳岬方面行き8～11分、☎0146-36-3432）「アポイ山荘」または「アポイ登山口」バス停下車。登山口まで山荘から徒歩5分、登山口バス停から徒歩約20分。タクシーは様似駅から約10分、約1800円（日交ハイヤー様似営業所☎0146-36-2611）

なお、JR日高線は災害運休のため、鵡川駅ー様似駅間を代行バス運行。札幌からは道南バス「ペガサス号」（3時間45分、2930円、☎011-865-5511）を利用し、浦河でJR北海道バスに乗り換えるのが便利。

■マイカー
国道336号を様似駅前からえりも方面に約4.4km、アポイ岳の大きな標識に従って左折。アポイ岳ジオパークビジターセンター前とその奥に広い駐車場がある。

宿泊

■様似市街の宿泊施設問合せ
様似町役場商工観光課☎0146-36-2119
■アポイ山荘
登山口手前にある温泉宿泊施設。素泊りも可能。
☎0146-36-5211
■アポイ山麓ファミリーパークキャンプ場

登山口に隣接。バンガローあり。開設＝4月中旬～9月下旬。有料。☎0146-36-3601（アポイ岳ジオパークビジターセンター）

入浴
■アポイ山荘
5～8時30分、10～22時（第2火曜は17～22時）。大人500円。間左記に同じ

2万5000分の1地形図
アポイ岳

COURSE 27 ピセナイ山

ぴせないやま 1027m

登山口→ピセナイ山（往復）

山頂が近づくにつれ徐々に展望が開けてくる。九合目にて

　旧静内・三石町界に位置する日高山脈の前衛峰。標高1000mそこそこながら国境稜線との間に顕著な山がないため展望はすこぶるよい。さほど知名度が高い山ではないが、そのパノラマを楽しみに訪れるファンは少なくない。毎年静内山岳会による町民登山会が開催され、登山道整備も行われている。山名の由来はピセナイ沢の水源にあることと思われるが、ピセナイの意味は不明である。

　ルートは静内側からの1本のみ。工事中止となった道道111号（通称日高横断道路）から静内ダム左岸の林道でアクセスするが、ゲートの開放状況を確認してから出かけたほうがいい。

コースタイム（日帰り）

累積標高差＝約670m
登り＝1時間50分
下り＝1時間20分

コース評価

体力（標高差）……………40点
登山時間加算………………0点 D
高山度（標高）……………3点 C
険しさ………………………0点 D
迷いやすさ…………………0点 D

総合点　45点[初級]

新冠町二十間道路近くから見たピセナイ山。展望のいい山だから逆にあちこちからも見えるはずだが、自身はあまり特徴のない低山ゆえに周囲に埋没しがち

■コースガイド(撮影＝10月中旬)

天気最優先で

　展望が魅力の山であるから、ぜひ好天の日を狙って出かけたい。時期としては国境稜線の山々に雪が輝くころがおすすめだ。残雪なら5月だが、春は大気が霞みがち。逆に秋は空気が澄むものの、例年10月下旬には狩猟解禁に伴い入山できなくなる。悩ましいところだ。また登山口への林道は大雨の影響で通行止めとなることがあるので、日高南部森林管理署のホームページまたは同署に電話(☎0146-42-1615)で確認を。

　林道分岐点の駐車スペースからなおも奥に延びる林道を進んでいくと15分ほどで入山ポストのある広場に着く。実際にはここまで車で入る人も多いようだ。道標に従って古い作業道に入り、これをしばらく行くと終点となって「登山道入り口」の標識が立っている。

　ここから山道となるが、いきなり結構な急斜面をジグザグを切って登る。ミズナラや針葉樹に混じってカエデ類も多く、秋は紅葉がきれいだ。ひと汗かく間もなく一合目の標識が現れ、少し息が切れてきたかと思うころにはもう二合目。さほど大きな山ではないから合目表示が出てくるピッチも早いのである。

　その二合目は631m標高点で、ここでいったん斜度が緩み、しばし気持ちのいい尾根上を辿るようになる。初夏はオオサクラソウが多く見られ、秋になって木々の葉が落ちれば左手の樹間に笹に覆われた山頂部が見える。四合目あたりから再び傾斜がきつくなり、その後六合目まではほぼ直登の急斜面が続く。

　登り着いた六合目は864mコブで、ひと息つくのにちょうどいい小広場だ。ここで道は左に折れ、小さく上り下りしながら明るい尾根上を辿る。右手の南斜面は笹原が広がって遠くには山並みの気配を感じるが、楽しみはもうしばらくとって

林道分岐の駐車スペース。コースは右の林道を進む

入山ポストから古い作業道に入る

左／二〜四合目は緩斜面の尾根歩き。登山道の整備状況もよく歩きやすい
上／急斜面を登りきると六合目。周囲は若いダケカンバが多い

おこう。最後は小さな鞍部を過ぎたところから山頂に向けて一気に高度を上げてゆく。といってもその標高差は100mほど。きれいに笹刈りされた道が気持ちいい。山頂のつもりで登り着いたところはひとつ手前のニセピークだが、本当の山頂もすぐそこだ。

頂上は広く刈り払われ、期待通りの展望が広がっている。南はアポイ岳、楽古岳、神威岳などから北はカムイエクウチカウシ山、幌尻岳あたりまで日高山脈国境稜線の山々が横一列にズラリである。とりわけ登高欲をそそるのが、大きく西尾根を張り出したペテガリ岳と、天を突くような1839峰だろうか。ここはスマホのアプリなど使わずぜひ20万分の1地勢図（図幅＝浦河、広尾、夕張岳）で山座同定を楽しんでいただき

静内調整池はいたるところで紅葉が美しい

たい。稜線のつながりや山々の位置関係が実に興味深く見えてくるはずだ。

また日高山脈とは反対側の展望も捨てがたい。新冠や静内の牧場地帯、ペラリ山や横山中岳など周辺の低山、さらに太平洋の大海原と、360度変化に富んだ景色が展開するのである。存分に時間を過ごしたら、来た道を戻ろう。

山頂までもう少し。背後はペラリ山と静内市街方面

広い山頂で思い思いに時間を過ごそう

山頂から見た日高山脈南部〜中部。ナマの迫力は凄いですぞ

アクセス

利用できる公共交通機関はない。タクシーは林道の状況にもよるが、静内市街から40〜50分、概算で1万円前後。北海交通☎0146-42-1141

　なお、JR日高線は災害運休のため、鵡川駅ー静内駅間を代行バス運行。本数、接続とも限られる。札幌から静内へは道南バス「ペガサス号」(2時間40分、2410円、☎011-865-5511)が便利。

■マイカー

国道235号新ひだか町静内市街から道道71号、111号(工事中止となった日横断道路)と走り、静内ダム堰堤を左岸に渡る。そこから林道5kmで通常開放されているゲートを通過、さらに2.8km走った林道分岐点に3、4台分の駐車スペースがある。林道はもう1km弱奥の入山ポストがある広場まで続いているが「一般車両通行止め」の看板が立っている。路面状況は終盤荒れ気味で、普通車は腹を擦るかもしれない。

宿泊

■判官館森林公園キャンプ場

国道235号沿い、節婦集落と新冠市街の中間にある。登山口から約38km。開設＝4月下旬〜10月下旬。有料。問新冠町企画課☎0146-47-2498

入浴

■新冠温泉　レ・コードの湯

新冠市街にほど近い。ホテル、レストラン併設。10〜22時。大人500円。☎0146-47-2100

2万5000分の1地形図

農屋、ペラリ山

COURSE 28 羊蹄山

ようていざん 1898m

比羅夫コース登山口→羊蹄山→真狩コース登山口

比羅夫コース九合目から母釜へ向かう。背後はニセコアンヌプリ

またの名を蝦夷富士。全国にあまたあるご当地富士のなかで、姿、スケールともにその筆頭格といっていいだろう。本来の山名は松浦武四郎が名付けた後方羊蹄山（しりべしやま）だが、難読ゆえに次第に「ようていざん」と呼ばれるようになり、現在は国土地理院地形図にも羊蹄山と記載されている。アイヌ語名はマッカリヌプリ、またはマチネシリ。

登山道は真狩、倶知安、京極、喜茂別の四町村からあり、アクセスや登山口周辺の利便性などから前者2コースの利用者が多い。両登山口間を車2台、路線バス、自転車などを使って移動し、上りと下りで異なるコースを歩いてみよう。

コースタイム（日帰り）

標高差 ＝ 約1550m
登り ＝ 4時間30分
下り ＝ 3時間40分

コース評価

体力（標高差）	55点	
登山時間加算	5点	C
高山度（標高）	10点	A
険しさ	3点	C
迷いやすさ	0点	D

総合点　75点[上級]

左／徳舜瞥山からの羊蹄山。手前は尻別岳、左背後はニセコアンヌプリ　右／比羅夫コース二合目付近の風穴では蛍光グリーンに光るヒカリゴケが見られる

■コースガイド(撮影=8月下旬)

比羅夫(ひらふ)コースを登る

　途中に水場はないので駐車場に隣接したキャンプ場で充分に補給していこう。初めは針広混交林の中のダラ登り。一合目から傾斜が増して尾根に取り付く。途中の風穴にはヒカリゴケがあるので覗いてみよう。

　その後は視界の利かない樹林帯をひたすら淡々と登る。見応えあるエゾマツやダケカンバの大木を見上げつつも、気持ちは次なる合目標識が待ち遠しい。小広場のある五合目を過ぎ、標高約1200mの六合目まで来るとダケカンバの丈が低くなりハイマツが出てくる。木々の合間に時折見えていたニセコアンヌプリが、いつしか肩を並べ、そして低くなっていくのが嬉しい。

　岩れき帯となって周囲が開けてくると九合目である。右に行けば羊蹄山避難小屋、山頂へは左に進む。大きな窪地状となった斜面には花が豊富に見られるが、それもそのはず、一帯は「後方羊蹄山の高山植物帯」として国指定の天然記念物になっている。その中をスカイラインに向かって登り詰めればついに火口の縁に到達だ。山頂部は大小いくつもの火口が複雑に入り組んでいるが、これは2番目に大きな母釜。なお、登山道はこれら火口に沿って何本も縦横に延びている。こまめに地図で確認し、特に視界不良時は間違えたり迷わないよう注意しよう。

　母釜の縁を時計回りに登ると三等三角点のある北山である。この先もう大きな登りはなく、展望を楽しみながら山頂に向かう。メインの火口の父釜は最大径が750m、深さが200m近くあり、牙のような火口壁とともに何もかも飲み込みそうな迫力だ。左から京極コースが合流し、一等三角点ピークを過ぎればほどなく待望の頂上に着く。周囲の全てが足元に見える抜群の高度感は、想像していた以上のものがあるだろう。

下山は真狩コースへ

　山頂直下で喜茂別コースと別れ、火口壁上

上／比羅夫コース五合目付近。視界も利かず、単調な登りが続く　右／ウラジロタデやイワギキョウの咲く道を北山へ。初夏は花の種類も数もより多く楽しめる

一等三角点から最高点の山頂を見る。火口の縁は険しい岩稜だ

建て替えて小さくなったが小綺麗で快適な羊蹄山避難小屋。宿泊だけでなく悪天時の休憩にも助かる

を時計回りに真狩コース分岐へ向かう。割とカッチリしてはいるが岩稜を辿るコースであり、所々手を使ったり高度感ある岩を乗り越えたりする。初心者やファミリー、また悪天候時は反時計回りに父釜、母釜の間を通った方が岩場もなく無難だろう。分岐で父釜を見納めたらお花畑を九合目に下る。避難小屋への道を右に分けたのち、標高1600m付近をしばしトラバース。この先で樹林帯に入ってしまうので、今のうちに展望や高山植物を楽しんでおこう。

ここからはジグザグを切りながら樹林帯を黙々と下る。比羅夫コースに比べるとトラバースや開けた箇所があったりと多少変化はあるが、基本的には似たような感じだ。途中、六合目下で尻別岳や洞爺湖の展望が一瞬開ける。倒木の目立つ三合目付近からは次第に傾斜が緩み、シラカバ林に入ると二合目。その下で分岐する寄生火山の南コブは、洞爺湖や有珠山方面の展望台になっているほか、(やや木が邪魔だが)羊蹄山の大斜面と対峙できる。最後に急斜面を下ったら登山口に出る。そこからさらにキャンプ場を抜けて5分ほど下れば駐車場だ。

真狩コース九合目下のトラバース道

登りも淡々、下りも淡々。ま、それも羊蹄山らしさと考えよう

アクセス
行き＝JR函館線小樽駅・倶知安駅とニセコ駅を結ぶニセコバス(☎0136-44-2001)、または倶知安駅と洞爺湖温泉を結ぶ道南バス(☎0136-22-1558)で「羊蹄登山口」下車。比羅夫コース登山口まで徒歩約40分、約2km。タクシーは倶知安駅から約15分、約2200円(ニセコ国際交通☎0136-22-1171)
帰り＝真狩コース登山口から道道66号の「羊蹄自然公園」バス停まで徒歩約30分、約2km。そこから上記道南バスでJR倶知安駅まで約40分。タクシーはニセコ駅まで約15分、約3600円(ニセコハイヤー☎0136-44-2635)

■マイカー
●比羅夫コース登山口＝国道5号を倶知安駅前から函館方面に約6km走り、羊蹄山登山口の大きな看板に従って左折。約2km先の終点が登山口。30台程度駐車可。トイレ、水道、キャンプ場がある。
●真狩コース登山口＝国道5号道の駅ビュープラザニセコの交差点から道道66号を真狩村方面に走り、約7kmで羊蹄山自然公園の標識に従って左折。約1.6kmで登山者用の広い駐車場がある。隣接するキャンプ場、および羊蹄山登山センターにトイレ、水場あり。
両登山口間は徒歩と上記道南バス(所要20分強)で行き来できる。

宿泊
■半月湖野営場
比羅夫コース登山口にある。開設＝5〜10月上旬。無料。問倶知安町観光課☎0136-23-3388。
■羊蹄山自然公園真狩キャンプ場
真狩コース山麓に広がる大規模なキャンプ場。開設＝5月1日〜10月31日。有料。問現地☎0136-45-2955。真狩村商工観光係☎0136-45-3613
■羊蹄山避難小屋
真狩、比羅夫コース各九合目間を結ぶ連絡路上にある。通年開放。6月上旬〜10月中旬は管理人常駐。食料、寝具は持参。収容最大40人。協力金＝宿泊1000円、休憩300円。宿泊は事前連絡が望ましい。問羊蹄山管理保全連絡協議会☎0136-23-3388

入浴
■まっかり温泉
真狩コース登山口から南に約4km。10〜21時。月曜休。大人500円。問☎0136-45-2717
■ニセコ駅前温泉 綺羅乃湯
JRニセコ駅前の日帰り温泉。パン＆ケーキ店併設。10〜21時30分。第2・4水曜休(8〜10月は無休)。大人500円。問☎0136-44-1100

2万5000分の1地形図
倶知安、羊蹄山

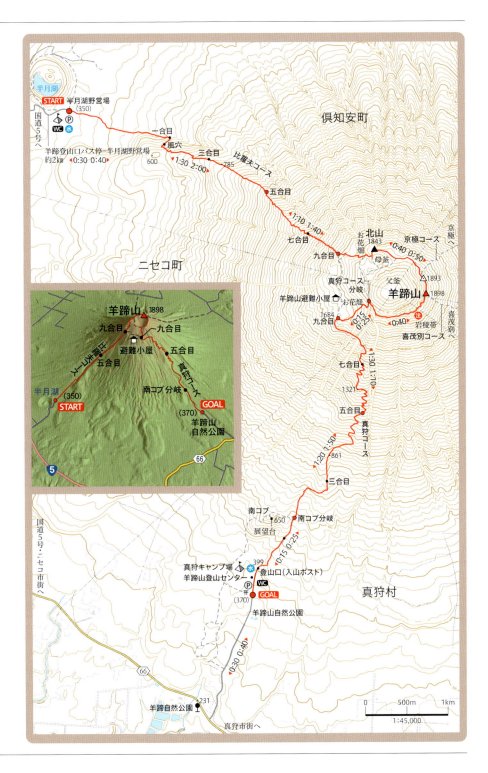

COURSE 29 ニセコ沼巡り イワオヌプリ・チセヌプリ

いわおぬぷり 1116m・ちせぬぷり 1134m

五色温泉→イワオヌプリ→大沼→神仙沼→チセヌプリ→ニトヌプリ→五色温泉

秋の神仙沼。木道上から大小の池塘の先にチセヌプリが望める

イワオヌプリ、ニトヌプリ、チセヌプリはニセコ連峰東部に位置する山。その北側、標高800m前後の山中に、紅葉で有名な神仙沼をはじめとするいくつかの沼や湿原が点在する。これらの山々と湖沼は登山道で結ばれ、周回するコースはニセコ沼巡りとして親しまれている。水のある風景と好展望のピークが次々に展開する楽しい1日を、五色温泉を起点に歩いてみよう。体力やメンバーによりコースアレンジも可能だ。

山名はそれぞれアイヌ語の「イワウ・ヌプリ＝硫黄の・山」「ニドム・ヌプリ＝森のある・山」「チセ・ヌプリ＝家型の・山」に由来する。神仙沼は発見者の下田豊松氏が命名した。

コースタイム（日帰り）

累積標高差＝約1280m
総歩行時間＝7時間30分
（登り＝計約3時間50分）
（下り＝計約3時間40分）

コース評価

体力（標高差）……………50点
登山時間加算………………5点 [C]
高山度（標高）……………6点 [B]
険しさ………………………0点 [D]
迷いやすさ…………………3点 [C]

総合点　65点［中級］

イワオヌプリ頂上から見たニトヌプリ（中央）、チセヌプリ（右）方面。手前の岩山は小イワオヌプリ。左遠方に狩場山も見える

■ **コースガイド**(撮影=10月上旬)

　本コースは沼巡りとはいうものの見方を変えれば三山縦走で、累積標高差からもわかるとおりなかなかハードだ。パノラマライン上の駐車場や路線バスを利用して部分的に歩くのもいいだろう。また最後にアップダウンが続くのを避けたければ逆コースでもかまわない。所要時間はどちら周りでも大きな違いはない。

イワオヌプリから大谷地湿原へ

　駐車場からニセコアンベツ川に架かる橋を渡って神社の横を抜け、すぐに左へ入る階段を登る。一帯は源泉地帯を巡る遊歩道で、ガンコウランやイソツツジ、シラタマノキなどが多い。入山ポストのある裸地から木の階段を直登し、林間を行けばほどなくイワオヌプリ分岐である。右に入って岩れきの急斜面を登ると馬蹄形のクレーターが広がり、道はその外輪を巡るように続く。大沼やニセコ連峰が大きく、さらに岩内市街や泊原発も見える。最高点は山頂標柱から200mほど東にある。一帯は踏み跡が薄い部分もあり視界不良時は道を見失いやすい。特に下りは注意しよう。

　イワオヌプリ分岐まで戻り、先に進むとすぐにニトヌプリ分岐。これを直進し左手にロックガーデンのような1039m峰・通称小イワオヌプリを見ながらイワオヌプリとの鞍部を越えてゆく。周囲の白い裸地は硫黄鉱山の跡で徐々に植生が回復している模様だ。

　硫黄川を渡って小さな峠を越える。木々の間に大沼の湖面がチラチラ見えるが、湖畔に出られるのは北岸をほぼ端まで辿った先である。明るく開けた湖面の奥に白くガレたイワオヌプリが覗き、寄せるさざ波が耳に心地よい。次の大谷地湿原はダケカンバやナナカマドの斜面を下った先にある。木道でその只中を横切っていくが、乾燥化が進んでほぼ全域が背丈を超えるような笹に覆われている。

神仙沼からチセヌプリへ

　大谷地駐車場でパノラマラインを横切り、神仙沼への道に入る。ダケカンバにカエデ類の混

イワオヌプリのクレーター。右奥はニセコアンヌプリ

硫黄川は登山靴のままで渡れる

左／人影少なく、どこかもの悲しさも漂う大沼　上／大谷地湿原。初夏にはオオバタチツボスミレ、コバイケイソウなどが見られる

じった穏やかな峠道は秋の紅葉が美しい。下っていった先は木道が敷かれ、すぐの三叉路を右折した先が神仙沼である。ここは溶岩台地上の高層湿原で、夏はエゾカンゾウやワタスゲ、ミツガシワなど多くの花が風に揺れ、秋には鮮やかな紅葉に彩られる。

ひと息ついたら一方通行の木道を辿って湿原出口に向かい、そこから林道を経由して長沼へ。どっしりとしたチセヌプリを背景にした奥行のある池だが、実は灌漑用池で片隅には目立たないながら堰堤もある。コースは池の西岸を進んだのち、湖尻からシャクナゲ岳分岐へと登っていく。足元はぬかるみがちで滑りやすい石が多く、視界も今ひとつである。

チセヌプリへはシャクナゲ岳分岐を直進し5分ほど先の分岐を左に入る。笹原にジグザグを切りながらそのまま山頂まで続く急登だ。登るほどによくなる目国内岳や岩内岳の眺めが励みになるだろう。山頂は平坦で、少し進んだ先からニトヌプリ、イワオヌプリ、ニセコアンヌプリ、羊蹄山が背比べをするかのごとく望まれる。傍らには火口跡の小さな池と湿原があり、沼巡りの仲間入りをしたげだ。

チセヌプリからの下りは大岩が積み重なった急斜面でとても歩きにくい。つまづきやスリップに注意しながら慎重に高度を下げていくが、距離の割に時間がかかる。やがて斜度が緩んでくるとダケカンバ林に入りパノラマラインに出る。

さあ、残すピークはニトヌプリのみである。車道を150mほど歩いた先で右の登山道に入る。山腹を斜上する道はダケカンバと笹に覆われてあまり見通しが利かない。黙々と登るうちに右に双耳峰の南峰が見えてきて、これが対等の高さになれば間もなく頂上だ。イワオヌプリとニセコアンヌプリが一段と大きいが、残念ながら羊蹄山はその影に隠れてしまっている。

下山は山頂下の小さなコブを越えたのち、笹原に大きく電光を切る。下りきったところはシラタマノキやイソツツジが群落をつくる小イワオヌプリ山裾のロックガーデン。そこからロープの掛かる急なザレ場を登れば、見覚えあるニトヌプリ分岐に出る。あとは朝来た道を五色温泉へと戻る。

上／神仙沼は駐車場からも近く、週末は観光客で大賑わいのことも　右／長沼とチセヌプリ。神仙沼よりは訪れる人も少なく静けさを求める人におすすめ

チセヌプリからのニトヌプリ、イワオヌプリ、ニセコアンヌプリ、羊蹄山

小イワオヌプリの山裾は庭園のよう

アクセス

往復＝JR函館線ニセコ駅（ニセコバス、ニセコ線1時間16分、☎0136-44-2001）五色温泉郷。運行は夏期限定。神仙沼レストハウス、大谷地も経由する。タクシーはニセコ駅から約25分、約5200円（ニセコハイヤー☎0136-44-2635）、倶知安駅から約25分、約4600円（ニセコ国際交通☎0136-22-1171）。

■マイカー

国道5号倶知安市街から道道58号に入り、約15.5kmで登山口のある五色温泉に着く。後半は幅員狭くカーブも多い。函館方面からは国道5号昆布駅横から道道207号、同66号、同58号経由で約17km。五色温泉右手に約20台分、および道路向かいのニセコ野営場前に公共駐車場がある。トイレ、水道、インフォメーションセンター（案内所、更衣室など）あり。

光課☎0136-44-2121

宿泊

■五色温泉旅館

風情ある山あいの温泉。全17室。素泊り可。通年営業。問☎0136-58-2707

■ニセコ野営場

登山口向かい、ニセコアンヌプリ登山口にある。開設＝6月上旬～10月下旬。有料。問ニセコ町商工観

入浴

■五色温泉旅館

8～20時。大人700円。問左記に同じ。

そのほか、ニセコ市街方面に下ると湯元温泉、昆布温泉などいくつもの温泉がよりどりみどり。

2万5000分の1地形図
ニセコアンヌプリ、チセヌプリ

COURSE 30 狩場山

かりばやま 1520m

茂津多コース登山口→狩場山→千走新道登山口

1289mコブを越えて狩場山山頂へ。西面に広がる崖が凄い迫力だ

狩場山は道南の最高峰である。東狩場山やオコツナイ岳などとともに一大山塊を成し、その雄大な姿は道南の山々、あるいは日本海側の随所からもよく見える。人を安易に寄せつけない険しい渓谷や海岸線も印象的だ。山名はアイヌ語の「カリンパ・ウシ・ヌプリ＝桜・群生する・山」に由来する。

現存する登山道は3本。中でも茂津多岬から延々尾根を辿る茂津多コースは、地図を見れば誰もが挑戦欲をくすぐられることだろう。ここでは車2台を使い、登りをそのロングコースから、下山は一番人気かつ楽な千走新道というプランを紹介する。もちろん体力次第で茂津多往復でもかまわない。

コースタイム（日帰り）

累積標高差＝約1380m
登り＝計5時間30分
下り＝計2時間20分

コース評価

体力（標高差）……………50点
登山時間加算……………10点 B
高山度（標高）……………6点 B
険しさ………………………0点 D
迷いやすさ…………………0点 D

総合点　65点[中級]

島牧村歌島付近から見た夕暮れの狩場山。山塊そのものが海に張り出す様子はどこか増毛山地に通じるものがある

■コースガイド (撮影＝10月上旬)

茂津多コースから山頂へ

　全長10kmにおよぶ長大なコースだが、全般に傾斜は緩やかで歩きやすく、後半は展望に恵まれた爽快な尾根である。毎年せたな町によって笹刈りが実施されているのもありがたい。ただし、ヒグマの痕跡は多く見られる。

　登山口からしばらく林道状の広い道を行く。やがて木の階段を交えた登山道となって斜度が増すが、それもひと登りのことで586mコブを過ぎたあたりから再び穏やかな尾根道となる。美しい原生の広葉樹林は今や道内でも貴重な存在。じっくり味わっていこう。さらに高度が上がるとブナが目立ち始め、661mコブの北側を巻いた先で水場のある広場となる。

　林相は次第にブナからダケカンバに変わり、標高800m付近からはハイマツが現れる。1000mで広い台地上の尾根に乗った後は前山まで淡々としたダラ登りが続く。ネマガリダケと丈の低いダケカンバ、ハイマツが交互に現れ、空は大きいが展望はあまりよくない。時々背後に望まれる真っ青な日本海と奥尻島が一服の清涼剤といったところだ。途中の小沼は山頂までの中間点を少し超えた地点である。

　台地上の尾根の終わりでコースはその南縁に出て須築川イワナの沢の深く険しい谷を見渡せる。その先でオコツナイ岳への稜線を左に見送れば、岩が積み重なった前山だ。ここでようやく目指す狩場山と対面することになる。重量感溢れるその姿にしばし見とれることだろう。

　だが残りはまだ3kmほどある。まずは左に小田西川源流部を見ながら壁の縁を行く。草付きで見えにくいが、足元は切れているので要注意。小さく上り下りした後、1289mコブを越える。そこから山頂に向けての長い登りは最後の頑張りどころだ。振り返るたびに前山からオコツナイ岳にかけてのボリュームある展望が背中を押してくれるだろう。頂上手前で大きな岩を乗り越えると、ついに長い行程に終止符を打つ時がくる。

661mコブ付近には美しいブナ林が広がる

台地上尾根上部の好展望地からは奥尻島や渡島大島も見える

左／頂上手前から前山方面を振り返る。実に雄大な尾根コースだ。右奥に張り出したのはオコツナイ岳　上／千走新道八合目付近、上部のお花畑。秋の草紅葉もきれい

山頂からはハイマツの原の向こうに険しい姿の大平山、その左奥には羊蹄山がひときわ高い。右に目を転ずれば噴火湾越しに遠く横津岳と駒ヶ岳が並んで見える。

千走新道を下る

険しい西側斜面とは対照的に下山路の東斜面＝賀老側は開放的な笹原と草原が広がっている。下り始めてすぐに左に延びる踏み跡は、廃道となった千走旧道だ。その先で涸れないのが不思議なほど小さな子沼、さらに一応沼らしい大きさの親沼を見ながら広い草原を下ってゆく。

尾根が狭まりダケカンバ林に入ると1464m標高点の南狩場。足元は絶壁となって須築川

アクセス
行き＝JR函館線長万部駅（函館バス、上三本杉行き1時間40分、☎0138-22-8111）瀬棚市街（タクシー約30分、約8000円）。東ハイヤー☎0137-87-3102）茂津多コース登山口。
帰り＝千走新道登山口（タクシー約50分、約8000円。要予約。島牧ハイヤー☎0136-74-5447）「賀老通り」バス停（ニセコバス39分、☎0136-62-2047）寿都ターミナル（ニセコバス31分）JR函館線黒松内駅（一部、JR長万部駅まで運行）。

マイカー
●茂津多コース登山口＝国道229号茂津多トンネル瀬棚側入り口から茂津多岬灯台への狭い車道に入り、灯台の建つ台地に上りきるとほどなく登山口。広い駐車場がある。トイレあり、水場なし。灯台はさらに600mほど進んだ地点にある。
●千走新道登山口＝国道229号島牧村元町からちはせ川温泉を経て、賀老高原キャンプ場まで約14km。トイレと水はここで。さらに林道真駒内千走線を約5km進むと登山口。全線舗装。登山口手前に5、6台、その手前に数台駐車可能。なお、林道はせたな町へと続くが、登山口から先は通行止め。

宿泊
■せたな町、島牧村の宿泊施設
旅館、民宿などが複数ある。問せたな観光協会☎0137-84-6205、島牧村企画課☎0136-75-6212
■賀老高原キャンプ場
千走新道登山口手前、賀老ノ滝入口にあるキャンプ場。開設＝6月上旬～10月中旬。無料。問島牧村企画課商工観光係☎0136-75-6212

入浴
■ちはせ川温泉旅館
国道229号から約6km、賀老高原登り口にある一軒宿。13～21時。大人500円。問☎0136-74-5409

支流の源流域に落ち、対岸に茂津多コースの尾根が大きい。急な下りの後、尾根から外れて広いお花畑に入る。2カ所ある千走新道のお花畑のうち上部のもので、夏にはシナノキンバイやフギレオオバキスミレが多く見られる。

　八合目で真駒内コースが分岐し、いったんはネマガリの原となるものの再び開けて下部のお花畑に出る。こちらもアオノツガザクラやヨツバシオガマをはじめ多くの花が咲く。ここから先は樹林帯に入り、六、五、四と合目表示をカウントダウンしながらダケカンバ林を下っていく。時折前方に大きく見えるのはメップ岳やカスベ岳だ。一合目の標識を過ぎると沢の音が近づいてきて、やがてポストのある登山口へと下り立つ。

■モッタ海岸温泉旅館
国道229号沿い、賀老高原と茂津多岬入り口の中間。9〜21時。大人500円。☎0136-74-5336

2万5000分の1地形図
須築、狩場山

COURSE 31 遊楽部岳(見市岳)

ゆうらっぷだけ(けんいちだけ)1277m

登山口→臼別岳→遊楽部岳(左股コース、往復)

遊楽部岳頂稜への登りから臼別岳を振り返る。ここに見えるだけで「一合目分」ある

　渡島半島の中部、北海道が「一番くびれたあたり」に位置し、狩場山に次いで道南第2位の高さを誇る。冷水岳や白水岳とともに太平洋と日本海にまたがる大きな山塊を形成し、その存在感は国道5号八雲近辺からも顕著だ。山名は遊楽部川の上流にあることに由来しアイヌ語で「ユー・ラプ＝温泉が・下る」を意味する。また見市川(「ケネ・ウシ＝ハンノキ・群生する」の意)の源流であることから見市岳とも呼ぶ。

　登山道はかつて3本あり、また白水岳からの縦走路もあったが、現在は左股からの尾根コース1本が残るのみ。途中には見応えあるブナの美林が広がり道南らしい登山が味わえる。

コースタイム(日帰り)
累積標高差＝約1610m
登り＝計4時間40分
下り＝計3時間40分

コース評価
体力(標高差) ………… 55点
登山時間加算 ………… 5点 C
高山度(標高) ………… 6点 B
険しさ ………………… 3点 C
迷いやすさ …………… 3点 C

総合点　70点[中級]

左／八雲郊外から見る遊楽部岳。中央が臼別岳、右が太櫓岳　右／目を見張る巨木に出会えるが、近年の台風で倒れたものも…

■コースガイド(撮影＝10月上旬)

ブナの尾根を臼別岳(うすべつ)へ

　アップダウンのある長大な尾根を辿るこのコースは、前項の狩場山茂津多(もった)コースと並んで道南屈指の健脚コースといえる。その距離は片道およそ9.5km。登山道は1本しかないので帰路も同じだけ歩かねばならない。いっぽうでコースの半分以上は道南ならではの美しいブナ林が広がり、初夏の新緑、秋の紅葉と終始心が癒される。また夏の炎天下でも直射日光に苦しめられるようなことがないのは嬉しい。

　水場は登山口周辺にもコース上にもないので事前にたっぷり用意していこう。またこのコースは掘り返しや糞などヒグマの痕跡が随所に見られる。場所は季節によっても違うようで一概にはいえないが、臼別岳から遊楽部岳の間は特に多いので注意したい。

　登山口には古い登山案内図と潰れた入山ポストが立っている。はじめは針葉樹の植林帯を行く。最近入り口付近で営林作業があったらしく、新しい作業道などでやや荒れ気味だ。進むうちに従来の落ち着いた登山道となるが、周囲をよく見て迷わないようにしよう。

　勾配が増して何度かジグザグを切るようになると人工林は終わり、ブナやミズナラが出てくる。482mコブからは顕著な尾根となり、思わず足を止めるような立派な木も見られる。古くは伐採道だったのだろうか、登山道としては幅広く平らで、尾根筋をわずかに外しながら極端な勾配の変化もなく登ってゆく。いわゆる木馬道(きんまみち)の跡のような趣が漂い、これがまたブナ林に馴染んで心が和む。

　標高700m付近で傾斜が増してくると、道はいったん尾根を外れて北側の斜面にジグザグを切って登る。だがほどなくまた尾根に戻って歩きやすくなり、これを登り詰めると五合目の915mコブである。空に向かって気持ちいいほどズンッと延びた尾根の先に見えるのは、当面の目標となる臼別岳だ。遊楽部岳はその影に隠れてまだ見ることはできない。

　一度下って六合目の968mコブを登り返す。なおもみごとなブナ林が続く細い尾根は、大きく左にカーブしたのち、徐々に傾斜を増してゆく。辛い登りだがここは頑張りどころだ。背後には瀬棚方面の海岸線や狩場山、奥尻島などが見える。ダケカンバが出てくるとますます道は急になり、朝露や落葉で滑りやすい。これを詰めた先はニセピークで思わずがっかりさせられるが、本当の臼別岳ももう目の前だ。

ブナは道南の山の大きな魅力だ

五合目から見る臼別岳。右の尾根上を辿る。遠い！

臼別岳は臼別頭ともいい、ここでようやく目指す遊楽部岳が全貌を現す。右奥には冷水岳、白水岳が控え、北海道の一番狭い部分にこれだけの大きな山塊があることにあらためて驚かされる。さらには日本海と太平洋（噴火湾）を一望できるのも、この山域ならではといえよう。

最高点の先に頂上⁉

　しかしまだ八合目である。遊楽部岳はほぼ同じ目線に見えているが、その間には標高差100m強の大きな吊り尾根が待っている。すでに体力気力に余裕がなければ、ここで引き返すことも考えよう（そっと耳打ちすれば、展望はここ臼別岳がコース上でいちばんいい）。

　臼別岳からは急な下りで小規模なお花畑に出る。一帯はヒグマの掘り起こしが多く、ハイマツや笹で見通しが悪いところもあるので注意しながら進む。鞍部で小さく上り下りしたら、今度こそ最後の登りである。膝に手をあてるような急登だが、距離はそう長くない。右に展望が開けるとかつての白水岳分岐で、ついに遊楽部岳頂稜の一端に達したことになる。背後には臼別川源頭部の迫力ある岩壁が見えている。

　左に折れてすぐのところが遊楽部岳の最高点だが、ハイマツに覆われた道端で展望も実感もない。いわゆる「頂上」は一等三角点の置かれた頂稜東端にあり、ハイマツと灌木の繁る平坦な道をさらに600mほど行った先だ。

　辿り着いた頂上は広く、先の臼別岳や北檜山の平野を挟んだ狩場山などが見える。しかし周囲のハイマツや灌木が伸び気味で、展望の良さは臼別岳に一歩譲るといわざるを得ない。

　さて、帰途も長い。大きな達成感を胸に山を下ることとしよう。頂稜から鞍部への下り、ならびに臼別岳からの急な下りは、疲れた足には特に滑りやすいので気をつけて。

太櫓川支流を挟んで対岸に見える太櫓岳。均整な山容だが夏道はない

臼別岳－遊楽部岳間はヒグマの痕跡が色濃い

旧縦走路分岐から見た冷水岳。縦走路も登山道も廃道化した

ようやく着いた山頂にはなぜかスコップが

臼別岳からの遊楽部岳。長い頂稜の左端が三角点のある頂上

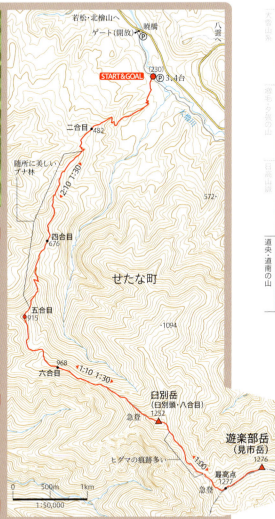

アクセス
利用できる公共交通機関はない。タクシーはJR函館線八雲駅から約40分、概算1万円ほど。登山口までの林道を入ってくれるかは状況による。八雲ハイヤー☎0137-62-2175、エスジーハイヤー☎62-4185

マイカー
八雲市街からせたな町北檜山区若松へと向かう道道42号を走り、峠(町界)を下った先の暁橋たもとを左折して林道に入る。開放ゲートから1kmほどで登山口。八雲市街から約30km。駐車場は数台分。満車の時は林道の手前にスペースを見つけられる。

宿泊
■八雲町の宿泊施設
問 八雲観光物産協会 ☎0137-65-6100
■オートリゾート八雲
国道5号を八雲市街から函館方面に数km走ったところにあるオートキャンプ場。施設充実。4~11月上旬。有料。問 ☎0120-415-992

入浴
■和(やわらぎ)の湯
登山口から八雲方面に道道42号~国道277号と走り、道央道八雲ICの手前約1.3kmの案内板を左折。道なりに約1.4km先にある日帰り温泉。12時30分~21時30分。大人440円。問 ☎0137-64-2626

2万5000分の1地形図
左股、貝取澗、遊楽部岳

COURSE 32 雄鉾岳

おぼこだけ 1000m

登山口→雄鉾岳（八雲ワンダーフォーゲルコース、往復）

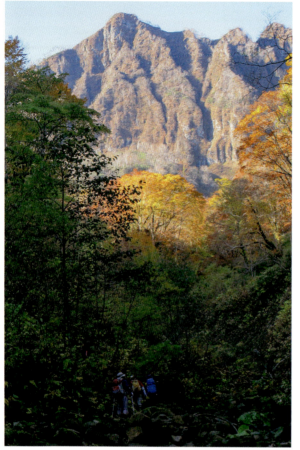

そそり立つ岩壁を見ながら雄鉾沢を登る

標高は1000mと高くはないが、北東面全体が大岩壁となっており、独特の偉容、崇高さを漂わせている。山名の由来はその天を突くような山姿によるものだろう。アイヌ語名は「カムイ・エ・ロシキ＝神々が群立するところ」。

山裾一帯には昭和40年代までマンガンなどを産出する八雲鉱山があった。登山ルートはその鉱山跡を起点とし、沢歩きや岩壁のルンゼ登りもある野趣にあふれたものだ。また登山口には鉱山時代の特定郵便局を再利用した山小屋・オボコ山の家があり、前夜泊等に便利である。

コースタイム（日帰り）
標高差 = 約740m
登り = 計3時間30分
下り = 計2時間20分

コース評価
体力（標高差） 40点
登山時間加算 5点 C
高山度（標高） 3点 C
険しさ 6点 B
迷いやすさ 6点 B

総合点　60点[中級]

満願展望台への途中、490m台地から見た雄鉾岳。岩壁は北東面なので、昼過ぎには逆光になってしまう

■**コースガイド**（撮影＝10月中旬）

ガイドに先立ち注意点を挙げておこう。本コースは、前半は渡渉をまじえながら沢沿いの踏み跡を辿り、後半には落石の多い壁下の通過やルンゼ（沢状にえぐれた岩壁）状の登りがあるなど、一般登山道と呼ぶにはやや難のある要素が含まれている。加えて近年の度重なる大雨により、しばしば状況が変化しており、ある程度のルート判断も必要だ。総合的なコースグレードは中級としたが、部分的にそれ以上の箇所があることを覚えておいてほしい。また多人数では難所の通過に手間取り、コースタイムを大幅に超える可能性がある。なお、2万5000分の1地形図に登山道は記されていない。

銀山沢から雄鉾沢へ

登山口を入りまずは銀山沢右岸の斜面を進む。途中、谷の奥に雄鉾岳の岩壁をチラッと望むことができモチベーションが上がるだろう。やがて道は沢に下り、水辺をへつるように進んだ

オボコ山の家。赤いポストがかつての名残

のちに最初の渡渉となる。通常は登山靴のまま渡れるが石は滑りやすい。初夏や雨後など水量の多いときは要注意で、危険を感じたらその先の登山を控えた方がいい。なお、かつてこのあたりにあったマクンベツの滝やウポポウシの滝は大雨で状況が変わり、わかりにくくなった。

その後はテープやペンキを目印に、何度か高巻きしながら左岸を進む。以前は雄鉾沢出合までに3回ほど渡渉があったが、2017年に道が整備され1回で済むようになった。

やがて川原の真ん中にボルダーのような大岩を見たら、本流（銀山沢）から右の雄鉾沢に

最初の渡渉。この後も基本的には靴のままで大丈夫

雄鉾沢から左のカナケ沢へ入る

左／崖に近づくにつれて急な登りになる　上／ルンゼを登る。意外と長く、上部にいくほど急で幅が狭くなる

149

入る。渓相はさらに荒れたものとなり、木々とともに崩れ落ちた斜面や大小の岩が詰まった沢床など豪雨の爪痕を随所に見せつけられる。目印はその都度チェックしつつも、安全で歩きやすい所を選んでゆくといいだろう。

カナケ沢から山頂へ

正面に雄鉾岳の岩壁を見るようになると左手からカナケ沢が合流するのでこれに入る。他に顕著な沢はなく、目印もあるので注意していれば見落とすことはないはずだ。カナケ（＝鉄気）の名前通り赤く染まった沢を、右に左に飛び越えたり踏み跡を辿ったりしながら高度を上げていく。次第に水流は細くなり、苔むした岩が先ほどよりは沢の落ち着きを感じさせる。途中、水場の標識があるが涸れて使えない。

道は涸れ沢を辿り、やがてその沢型からも離れて壁下に向かって急な登りとなる。背後には噴火湾方面の展望が開け、初夏にはシラネアオイやオオサクラソウなどが咲く。壁下に登り着いたらその基部に沿って左にトラバースしていくが、上からの落石に気を配り早めに通過したい。なお、ここは6月いっぱいは残雪がある。

行く手を阻むような岩尾根にぶつかったらいよいよ難所のルンゼ登りである。ルンゼとは本来岩溝のことだが、ここは土壁と岩がミックスした狭く急な沢型になっている。足元は滑りやすく気が抜けない。時に固定ロープの世話になりながらよじ登るが、小柄な人は足場を見つけるのに苦労することもある。

これを突破し、平地を抜けてもう一度短い斜面を登ると、これまでの険しい地形が嘘のような広々とした笹原に出る。海見平といい、日本海と太平洋を一望するビューポイントだ。一様に傾いたダケカンバが風の強さを想像させる。あとは正面に広がる笹原を登り詰めるのみである。

頂上は笹原を開いた平地になっていて、奥に進むと遊楽部岳や狩場山、羊蹄山などが心地よい高度感を伴って望まれる。振り返れば遠く江差の鷗島や駒ヶ岳など——。

下山時の注意箇所は、海見平に出る手前の沢型、および壁下からの下り部分で紛らわしい地形に踏み込まないこと。ルンゼや沢で滑落や転倒に注意することなどである。

■サブコース：満願展望台

銀山沢と鉛川に挟まれた尾根上の小ピークで雄鉾岳の好展望台となっている。2000年に地元の八雲高校山岳部員によって開削された。

最後は笹の刈り分け道で山頂へ

海見平。崖の上がこんな景色だったとは…

山頂から遊楽部岳を望む。左手前は西峰

雄鉾岳登山口の手前から標識に従って山道に入り、胸を突くような急登で一気に尾根に乗る。後はブナ林の中を緩急繰り返しながらいけば、雄鉾岳を正面に見る490m台地に着く。本来の満願展望台はまだ先だが、現在はネマガリダケが深く通行困難だ。八高山岳部では「機会をみて整備したい」とのことなので、若い岳人らの今後の奮闘に期待するとしよう！

満願展望台へ。「満願」は昔のマンガン鉱山にかけている

アクセス

往復＝JR函館線八雲駅（函館バス、熊石行き25分。1日2本。☎0138-22-8111）「おぼこ荘入口」バス停（徒歩約40分、2.8km）雄鉾岳登山口。タクシーはJR函館線八雲駅から約30分、約5000円。おぼこ荘ー登山口間の林道走行は状況により不可。八雲ハイヤー☎0137-62-2175、エスジーハイヤー☎62-4185

■ マイカー

国道277号八雲から雲石峠に向かう途中、「八雲温泉おぼこ荘」の大きな看板に従って左折。おぼこ荘から先は狭い未舗装路となり、2kmほどで登山口に着く。10台程度の駐車場とトイレあり。

宿泊

■ 八雲町の宿泊施設

問 八雲観光物産協会☎0137-65-6100

■ オボコ山の家

旧八雲鉱山の郵便局を利用した快適な山小屋。食料持参。協力金1泊500円。利用時は八雲ワンダーフォーゲル会長の鈴木譲氏（八雲町本町7　㈲鈴木金物、☎0137-63-2221、Fax63-2222）に鍵を借りる。

■ 八雲温泉おぼこ荘

宿泊と日帰り入浴ができる。鉛川に面した大きな露天風呂が売り。問☎0137-63-3123

入浴

■ 八雲温泉おぼこ荘

11～20時。不定休。大人500円。問左記に同じ。

■ 和（やわらぎ）の湯

P147を参照のこと

2万5000分の1地形図

遊楽部岳、渡島鮎川

COURSE 33　恵山・海向山

えさん 618m・かいこうざん 569m

つつじ公園→（恵山高原コース）→海向山→恵山→つつじ公園

海向山山頂付近から恵山を望む。エゾヤマツツジの見ごろは5月中旬～6月上旬

　渡島半島東端から津軽海峡に向かってコブのように飛び出した複式の活火山。最高峰の恵山は噴火警戒レベル1で、常時噴気活動が続く。エゾヤマツツジをはじめサラサドウダン、イソツツジなどツツジ科植物が大変多く、初夏の花、秋の紅葉と多くの人が訪れる。エサンはアイヌ語で岬を意味する。

　登山道は山麓から3コース、さらに恵山や海向山を巡る山上のコースが複数あり、それぞれ特色があって魅力的。メンバーや目的により多彩なプランが考えられる。今回は復活した恵山高原コースを使い、海向山と恵山の両方を登る。麓に水無海浜温泉をはじめ多数の温泉が待っているのも楽しみだ。

コースタイム（日帰り）
累積標高差＝約890m
総歩行時間＝7時間
（登り＝計約4時間）
（下り＝計約3時間）

コース評価
体力（標高差） 40点
登山時間加算 5点 C
高山度（標高） 3点 C
険しさ 0点 D
迷いやすさ 3点 C

総合点　50点[初級]

道の駅なとわ・えさんから見た恵山。火山灰に覆われた白い山頂は遠くからでもよく目立つ。現在の溶岩ドームは約1万～8000年前に形成されたという

■ **コースガイド**(撮影=5月下旬、11月中旬)

恵山高原コースから海向山へ

　エゾシカや放牧馬による被害を防ぐために1990年代から閉鎖されていた恵山高原コース。長らく事実上の廃道状態となっていたが、一連の問題解決に糸筋が見えてきたため、笹刈りなどの整備を経て2016年に再開放された。なお、最新の2万5000分の1地形図「恵山」(2017年更新、紙地図)、およびネット上の地理院地図(電子国土Web)に本コースは記されていない(2018年4月現在)。

　スタートはつつじ公園駐車場。すぐ下の白浜川を渡り、旧恵山モンテローザ下のテニスコート前を行った先に登山道入口がある。緩い直線の登りはほどなく急斜面に行き当たり、そこから大きくジグザグを切る。この道の歴史は古く、戦前から馬を使った硫黄の搬出に利用されたり、観音巡りの霊場として地元住民に親しまれたという。広い道は当時の名残だ。

　展望所の小広場で右に進路を変え、トラバース気味に登っていく。やがて傾斜が緩んでくると、周囲は一面サラサドウダンの林となる。昭和40年代前半まで薪炭林として利用されたそうで萌芽更新が目立つ。花期は5月下旬~6月中旬。10月下旬の紅葉も見ものである。

　温泉ポンプを過ぎて緩く下っていくと前方が開けて明るい草原に入る。湧き水が流れ、右奥には白い山肌に噴気を上げる恵山の姿が見えてくる。左の山裾に沿って進んだ後に草原を横切るが、視界不良時など道を見失わないよう注意をしたい。

　海向山への登山道に出たらこれを左折する。主に東~南斜面を歩くこの山は、午前中の方がおすすめだ。逆に恵山は北西斜面を歩くため午後の方がいい。平坦な道を5分ほど行けば周遊コースの分岐である。左右どちら周りでもいいが、ここでは時計回りで歩いてみよう。前衛峰ともいうべき456m峰は、林床のシラネアオイやチゴユリを見ながらのひと登り。エゾヤマツツジの

恵山高原コースのサラサドウダン。立派な株も多い

かつて硫黄運搬用の馬が放牧されていたという草原

左/海にツツジ、降り注ぐ陽光。どこか北海道離れした景観が広がる456m峰　上/456m峰への道ではシラネアオイがあちこちに小群落をつくる

権現堂コースを山頂へ。いかにも火山らしい道

咲くピークからは、日浦方面の海岸線と津軽海峡がよく見える。

ここから急斜面を下り、鞍部のミズナラ林を抜けて、海向山の南斜面に取り付く。左に斜上しながら尾根上に出、そこから右に進路を変えてツツジの回廊を海向山へ。頂上の周囲は灌木に囲まれて展望は今ひとつだ。

だが、山頂を後にするとすぐに恵山や火口原を一望する開けた斜面が待っている。周遊コース一番の好展望地といっていい。その先から転げ落ちるような急な下りで高度を下げ、小さな涸れ沢を渡ってさらに下る。涸れた小沢や鹿道が若干紛らわしいところもあるので、テープや進路をよく確認しよう。道が平坦になると456m峰の山裾を巻いて左右コース分岐に戻る。

溶岩帯を抜け恵山頂上へ

次は恵山へ向かおう。恵山高原コース合流点を過ぎ、鉄管の新しい橋を渡ってガンコウランやイソツツジの咲く草原に出る。これを抜けると火口原駐車場で、シェルターを兼ねた休憩所やトイレがある。ただし、飲用できる水はない。

観光客やハイカーとともに火口原南側の遊歩道を権現堂コース分岐へ向かう。このあたりは賽ノ河原と呼ばれ、山腹のあちこちから噴気が立ち上る様子は確かにあちらの世界への入り口のようだ。分岐からは火山れきと火山灰に支配された無機質な登りが始まる。噴気口と対峙するベンチ、黄色い硫黄の結晶、数々の奇岩──。山頂はどれだけ荒涼としているのかと思いきや、登った先は意外と平坦でガンコウランやコケモモ、イソツツジが地面を覆うロックガーデンのような景観が広がっている。頂上はその南端に位置し、爽快な高度感とともに津軽海峡や下北半島を見渡せる。少し行った先には権現堂が祀られている。

下山は来た道を戻るが、火口原駐車場から登山道路（車道）を下ることもできる。エゾヤマツツジの花期ならば、登山道路途中からつつじ公園を散策していくのもおすすめだ。

賽ノ河原から見上げる噴気口

恵山山頂一帯は平坦でガンコウランなどが地表を覆う

アクセス
往復＝JR函館線函館駅（函館バス、恵山御崎行き約1時間50分、☎0138-22-8111）「恵山登山口」バス停（徒歩約20分、1.2km）登山道入り口。

■マイカー
国道278号函館市日ノ浜町から道道635号に入り、恵山町で恵山登山道路方面に左折。1kmほど先のつつじ公園駐車場（トイレあり）、または旧モンテローザ下テニスコート脇の駐車場を利用する。

宿泊・入浴
■恵山温泉旅館
つつじ公園隣接。女将は恵山の歴史に詳しい。素泊り対応。冬期休業。日帰り入浴は6～20時。大人300円。問☎0138-85-2041

■石田温泉
つつじ公園すぐ下。素泊り可。日帰り入浴は15～20時。大人500円。問☎0138-85-2350

■函館市海浜公園キャンプ場
道の駅なとわ・えさんの前、津軽海峡に面したキャンプ場。開設＝5～9月。有料。問☎恵山地域振興推進協会☎0138-85-4010

2万5000分の1地形図
恵山

COURSE 34 大千軒岳

だいせんげんだけ 1072m

奥二股→金山番所→大千軒岳（知内川コース、往復）

エゾノハクサンイチゲは千軒平を代表する花。赤いのはハナヒリノキ

　松前半島にある北海道最南の1000m峰。山頂一帯にお花畑が広がり、なかでもシラネアオイとエゾノハクサンイチゲの群落はみごとだ。江戸時代には金が採れ、砂金掘りの家が千軒もあったことが山名の由来ともいわれる。いっぽうその中にいた隠れキリシタン106人が松前藩によって処刑されたことでも知られ、今も毎年7月に現地で殉教ミサが行われる。
　知内川(しりうち)コースはその悲劇の舞台となった金山番所を経由するもので、前半は沢に沿い、後半一気に尾根を登る展開だ。登山道は他に松前側からの2本があり、短時間で登れるために人気があるが、林道の開放状況を確認する必要がある。

コースタイム（日帰り）

累積標高差＝約900m
登り＝4時間
下り＝2時間30分

コース評価

体力（標高差）……………45点
登山時間加算………………5点 [C]
高山度（標高）……………3点 [C]
険しさ………………………6点 [B]
迷いやすさ…………………6点 [B]

総合点　65点[中級]

左／千軒平のシラネアオイ群落は、日本一と賞する人もいるほど。見ごろは6月上旬
右／国道228号知内町萩茶里橋からの大千軒岳。稜線伝いに左の山は前千軒岳

■コースガイド(撮影＝6月上旬)

知内川沿いに金山番所へ

奥二股駐車場の奥に入山ポストがあり、その左横から林道へ入る。すぐ先の奥二股沢に架かる頑丈な木の橋を渡れば登山道の始まりだ。この先「広い川原」の渡渉点まで、道は知内川右岸を辿りながら急斜面の高巻きを何度も繰り返すことになる。不明瞭な箇所や滑りやすい箇所もあり、過去には死亡事故も起きている。行き帰りともに充分注意して進もう。

通称「狭戸」は両岸に岩がせり出したゴルジュで、ここの高巻きが最も大きい。道は片流れで滑りやすく、ぬかるんだ支沢を横切ったりアップダウンもあったりと消耗させられる。大きなコブを抱えたブナの大木を見ると下りとなって「広い川原」に出る。かつて国鉄松前線千軒駅から歩いて入山したころは、ここが初日のキャンプ適地だった。今も整地すれば沢音を聞きながらの快適な一夜になりそうだ。

その広い川原で左岸に渡る。渡渉場所は年によって変わることもあるが、基本的に上流寄りにポイントがある。うまく飛び石や丸太を見つければ靴の中を濡らさずに済む。なおこの先、支沢を渡る場面は何箇所かあるが、本流の渡渉はここ1箇所のみである。渡った後は河畔林の中を進んでいく。ここでの見どころはサワグルミの大木だろう。北海道では渡島半島のみに自生し、まっすぐ20mほどにもなって林立する様子はなかなか壮観だ。

地形図の321m標高点付近で知内川の流れが西に大きく変わる。ここは対岸に踏み跡やテープが見えるために渡る人がいるようだが、そのまま左岸を岩伝いに進むのが正解である。増水時は右斜面にある高巻きを使うとよい。枝沢を越えるが簡単だ。ちなみにここを渡渉しても、その後再び左岸に戻ることになる。進行方向が変わって木漏れ日が差すようになった道からは、時折正面に稜線が見え隠れする。支沢の石崎越ノ沢は石伝いに数歩の川幅だ。

やがて森の中に光り輝く十字架が現れると「金山番所」である。岩にはめ込まれたレリーフには、380年近く前に殉教した隠れキリシタンへの追悼の言葉が刻まれている。

激坂のち花の稜線

燈明ノ沢を越え、「千軒銀座」の川原に出ると、正面高くに中千軒岳の稜線が望まれる。標高差は500m以上。今からあそこまで登るのだ。知内川はここで二股に分かれ、コースは右の銀

前半は急峻な高巻きを繰り返す。足元をよく見て慎重に歩を進めよう

広い川原に出れば高巻きは終わり。渡渉は上流寄りで

座ノ沢側に少し入ったのち、左の切戸ノ沢との間の急な尾根に取り付く。登り始めてすぐの崩壊地は左側の直登する道を登る。ここまで沢沿いで大した登りがなかったぶん、一気に巻き返す感じで、どうだといわんばかりに試練の坂が続く。標高650m付近の「休み台」、森林限界を抜けて前千軒岳の雄姿が望まれる「ガンバレ岩」など、適度な間隔で現れる休憩ポイントで息を整えるといいだろう。その先の谷に向かって落ちるザレた斜面は滑りやすく、特に下山時は慎重に通過したい。6月上旬まで雪が残ることがある。

ここを抜ければいよいよ待望のお花畑だ。一面のシラネアオイに迎えられ、十字架の立つ千軒平へと入っていく。広い斜面にはエゾノハクサンイチゲを筆頭にミヤマアズマギク、ミヤマキンバイなど多数の花が咲き競い、遠く日本海の洋上に渡島大島や松前小島も見える。吹き抜ける風が心地よく、あまりの楽天地ぶりに頂上へ向かう気持ちがぐらつくほどだ。

とはいえここまで来たらもうひと頑張りである。お花畑の中を進み、江良岳を横切って頂上へ

山頂から前千軒岳を見る。踏み跡があり登ることができる

の登りにかかる。頂上直下で左に入る踏み跡は、真夏でも冷たい水が湧く千軒清水に通じている。最後に急な坂を詰めれば、道内最古の一等三角点がある大千軒岳山頂である。その展望は東に恵山や駒ヶ岳、函館山、北に七ツ岳や笹山、奥尻島など。なかでも「おっ」と思わせるのは津軽海峡を隔てて端正な姿を見せる岩木山。その距離は約100kmと、駒ヶ岳までの80kmと大して変わらない。

下山は往路を戻る。なお、最後になったが、この山は千軒平から山頂間を中心にヒグマの目撃例が多いことを付け加えておこう。

左／321m付近。ここは岩伝いに左岸（向かって右）を辿る
上／金山番所。毎年7月に殉教ミサが行われる

森林限界を越えて前千軒岳を仰ぐ

千軒平からお花畑の中を山頂へ

アクセス
往復＝北海道新幹線・道南いさりび鉄道木古内駅（函館バス、松前ターミナル行き40分、☎01392-5-5127）「千軒」バス停。そこから登山口の奥二股まで約8kmは徒歩のみ。悪路のためタクシーも入らない。

■マイカー
国道228号福島町千軒から1km弱松前寄り、「サテライト7.3km、奥二股6km」「大千軒岳登山口」の標識に従って林道に入る。国道から約4km地点にゲートがあり、シーズン中は開放されているが、残雪状況により早い時期は閉鎖されている。登山口の奥二股はさらに2.6km奥。幅員は狭いが慎重に走れば普通車でも通行可。十数台駐車可能。

宿泊
■奥二股キャンプサイト
登山口駐車場横の広場。トイレあり。水は川水を使う。

林道入り口手前の千軒集落にある登山者休憩所

■大千軒岳登山者休憩所
旧松前線千軒駅跡にある無人小屋。トイレ、水道あり。食料、寝具は持参。収容10名。無料。使用申し込みは福島町産業課☎0139-47-3004

入浴
■知内温泉　ユートピア和楽園
登山口から国道228号を知内方面に下り、道道812号に入る。登山口から約13km。開湯800年の歴史を誇る。7〜21時。大人460円。問☎01392-6-2341

2万5000分の1地形図
大千軒岳

■著者略歴

長谷川 哲（はせがわ・てつ）

1964年長野県生まれ。千葉大学園芸学部卒。山と渓谷社で「skier」「山と渓谷」「Outdoor」などの雑誌編集に携わったのち北海道に移住。フリーのライター・編集者として「山と渓谷」「岳人」「ランドネ」などの山雑誌を中心に執筆を行っている。2014年から『北海道夏山ガイド』の取材・執筆陣に加わる。著書に『北海道16の自転車の旅』（北海道新聞社）ほか。北海道の山メーリングリスト所属。

撮影＝伊藤健次

■取材協力
坂口一弘、鎌鹿隆美、菅原規仁各氏のほか
取材に同行していただいた皆さん

■写真協力
梅沢　俊

■編集
仮屋志郎＋中村祐子（北海道新聞社）

■鳥瞰図作成
菅原靖彦

■ブックデザイン・地形図作成
佐々木正男＋佐々木美貴（佐々木デザイン事務所）

■参考文献
『北海道夏山ガイド①〜⑥』梅沢俊、菅原靖彦、長谷川哲（北海道新聞社、2012〜16）
『北の花名山ガイド』梅沢俊（北海道新聞社、2012）
『地名アイヌ語小辞典』知里真志保（北海道出版企画センター、1992）

北海道夏山ガイド　特選34コース

2018年5月31日　初版第1刷発行
著　者　　長谷川 哲
　　　　　　（はせがわ　てつ）
発行者　　鶴井　亨
発行所　　北海道新聞社
　　　　　〒060-8711　札幌市中央区大通西3丁目6
　　　　　出版センター（編集）電話011-210-5742
　　　　　　　　　　　（営業）電話011-210-5744
印刷・製本所　株式会社アイワード

■掲載した地形図は、国土地理院のオンライン版数値地図（国土基本情報、2万5000分の1、SHP形式）をAdobe Illustratorプラグイン「PlugX」で加工して作成したものです。鳥瞰図作成に際してはカシミール3D（杉本智彦氏作、http://www.kashmir3d.com/）を使用しました。

■本書に掲載した情報は2018年4月現在のものです。コース状況などは変わることがありますのでご了承ください。

乱丁・落丁本は出版センター（営業）にご連絡くださればお取り換えいたします。
ISBN978-4-89453-907-5
©HASEGAWA Tetsu 2018, Printed in Japan

『北海道夏山ガイド』全6巻

- 第1巻 道央の山々
- 第2巻 表大雪の山々
- 第3巻 東・北大雪、十勝連峰の山々
- 第4巻 日高山脈の山々
- 第5巻 道南・夕張の山々
- 第6巻 道東・道北・増毛の山々